Continuidades Efêmeras

Coleção Debates
Argos - Editora Universitária
Unoesc-Chapecó
Av. Atílio Fontana, 591-E Bairro Efapi, Chapecó / SC
89809-000, C. P. 747 Fone: (49) 321 8218
E-mail: argos@unoesc.rct-sc.br

Associação Brasileira de
Editoras Universitárias

SIMONE DIAS

CONTINUIDADES EFÊMERAS

A CRISE DO INTELECTUAL LEGISLADOR E A ASCENSÃO DO INTÉRPRETE

editora universitária

Chapecó, 2001

ARGOS
editora universitária

Conselho Editorial: Claudio Jacoski (Presidente) ; Arlene Renk;
Marinês Garcia; Nedilso Lauro Brugnera; Odilon Luiz Poli;
Valdir Prigol; Volnei dos Santos e Mary Neiva Surdi.

Coordenador: Valdir Prigol
Assistente Editorial: Hilário Junior dos Santos
Programadora de arte: Tatiana de Avila Zawadzki
Revisão: Ana Alice Bueno
Diagramação e Projeto gráfico: Tatiana de Avila Zawadzki
Capa: Hilário Junior dos Santos
a partir da foto de Garry Winogrand, 1950

801.95	Dias, Simone
D541c	Continuidades efêmeras : a crise do intelectual legislador e a ascensão do intérprete / Simone Dias. - - Chapecó : Argos, 2001.
	185 p. - - (Debates)
	1. Crítica literária. I. Título.

ISBN: 85-7535-012-9   Catalogação: Biblioteca Central Unoesc-Chapecó

UNIVERSIDADE DO OESTE DE SANTA CATARINA
Santo Rossetto
REITOR

PRÓ-REITORA DE PESQUISA, EXTENSÃO
E PÓS-GRADUAÇÃO: Arlene Renk
PRÓ-REITOR DE ADMINISTRAÇÃO: Gilberto Luiz Agnolin
PRÓ-REITORA DE ENSINO: Silvana Marta Tumelero

Sumário

7 APRESENTAÇÃO

13 TRAÇOS & PERSONAGENS

    José e as procedências 15
    34 Letras: uma face espelhada 23

29 O HERDEIRO MODERNISTA BUSCA LUGAR NAS TRINCHEIRAS

    Correspondências modernistas 41
    O programa da cidade modernista 44
    O dilema: as musas ou as massas? 48
    O poema em José - poesia marginal: de vilã a filão 64
    O "sistema intelectual brasileiro" em pauta 73

101 ESTRATÉGIAS E CONVOCAÇÕES DE 34 LETRAS

    Ascendência da tradução 110
    O alívio pós-moderno 123
    Guernica - uma estratégia textual 135
    A ascensão do intérprete 145
    Dos grileiros e das invasões 155

161 UM JOSÉ COM MUITAS LETRAS

177 REFERÊNCIAS

Apresentação

Refletir sobre os discursos que construíram um fragmento da história do periodismo cultural das últimas décadas, a partir do mapeamento de algumas revistas literárias e culturais brasileiras é um dos intuitos deste livro, fruto do "Projeto poéticas Contemporâneas: histórias e caminhos"[1]. O mencionado Projeto agrupa pesquisadores de Iniciação Científica, Mestrado e Doutorado, que vêm rastreando, indexando as informações em um Banco de Dados e analisando o periodismo que circulou, ou circula, no Brasil dos anos 70 aos dias atuais, a fim de analisar as linhagens críticas e poéticas formadoras de nosso campo cultural.

Neste estudo, partiu-se da análise de duas revistas cariocas: a primeira, *José – Literatura, Crítica & Arte*, que teve dez números publicados no Rio de Janeiro pela Editora Fontana

---

[1] Projeto integrado coordenado pela Prof.a Dra. Maria Lucia de Barros Camargo desde 1996, com o apoio do CNPq. Trata-se de um dos Projetos vinculados ao Núcleo de Estudos Literários e Culturais da Universidade Federal de Santa Catarina.

durante os anos de 1976 a 1978, e a outra, *34 Letras*, que foi editada pela Editora 34 Literatura S/C e Ed. Nova Fronteira, de 1988 a 1990. A pergunta poderia surgir: por que *José* e *34 Letras*? A escolha não foi aleatória e parte do que considero "pontos de encontro" das duas revistas: ambas foram publicadas no Rio de Janeiro, têm a literatura no primeiro plano de suas abordagens, abrem espaço considerável à publicação de poemas, sendo que estes marcam o início das duas trajetórias (no caso de *José*, o nome já denuncia a referência, e, em *34 Letras*, a primeira capa estampa um poema de Íbis, heterônimo de Fernando Pessoa), e vários dos colaboradores são comuns às duas publicações, como o caso de Luiz Costa Lima, Sebastião Uchoa Leite, Augusto de Campos, Jorge Wanderley, Flora Süssekind e Silviano Santiago. A partir desse mapeamento e da análise do material lido, várias hipóteses foram se armando, sendo que algumas delas foram desenvolvidas neste trabalho.

À primeira vista, poderia-se dizer que *José* e *34 Letras* se encaixam no conceito de revista literária que se utiliza comumente, lida como uma das redes da crítica que funciona como instância de consagração. O pesquisador José M. Otero (apud CAMARGO, 1996), em *30 años de revistas literárias argentinas*, distingue algumas características que lhe servem para delimitar o significado de "revista literária": a existência efêmera, as tiragens reduzidas, a ausência de espaços publicitários, a escassez de recursos financeiros e, finalmente, como conseqüência, o reduzido circuito comercial de distribuição. Além disso, poderia-se acrescentar a idéia de que a revista se constitui como expressão de um determinado grupo de intelectuais, que utiliza o espaço para manifestar e difundir seus pensamentos[2].

---

2 Hector René Lafleur, Sergio Provenzano e Fernando Alonso, em *Las revistas literárias argentinas*: 1893-1967, se valem do conceito "revista literária" como "exteriorização de um grupo ou conjunto de intelectuais que buscam, através delas (as revistas), a difusão de sua mensagem, livres de objetivos comerciais e à margem do financiamento oficial" (apud CAMARGO, 1996, p.116).

Ainda que *34 Letras* não tenha enfrentado o problema de escassez de recursos[3], os demais traços marcam as duas produções, que não tratam, entretanto, exclusivamente de literatura. O comentário de Beatriz Sarlo e Carlos Altamirano (1983, p. 97) também é interessante, ao enfatizarem que a revista literária, espaço articulador de discursos de e sobre literatura, tende a organizar seu público, entendido como a área de leitores que a reconhece como instância de opinião intelectual autorizada.

> Toda revista inclui certa classe de escritos (declarações, manifestos, etc.) em torno dos quais procura criar vínculos e solidariedades estáveis, definindo no interior do campo intelectual um 'nós' e um 'eles', como queira que isto se enuncie. Ético ou estético, teórico ou político, o círculo que uma revista traça para assinalar o lugar que ocupa ou aspira ocupar marca a tomada de distância, mais ou menos polêmica, com relação a outras posições incluídas no território literário (minha tradução).

Ao tomar o periódico como local de confluências e de trocas, a primeira problematização, nos casos em estudo, residiria na dificuldade em identificar os princípios que conferem identidade aos dois "grupos". Em *José*, ainda que se possa tomar o modernismo brasileiro como paradigma da revista, é cabível enfatizar a convivência de posicionamentos estéticos distintos. Na tentativa agônica de definir os limites do literário, o papel do intelectual, um perfil para uma revista literária em fins dos 70, ao enfrentar o dilema frente à necessidade de definir o público leitor, a revista sucumbe e deixa de circular.

---

3 Trato desta questão mais adiante.

Já em *34 Letras*, outra problemática se delineia diante da convivência pacífica de uma miscelânea de vertentes e linhagens que circulam lado a lado no periódico. Não há, como em *José*, a busca por um denominador comum. No lugar de valores e rechaços compartilhados, nem se pensa em doutrinas e manifestos: ganha voz a busca pela pluralidade, cujo resultado é uma *bricolage* de estilos — um poema concreto ao lado de Shakespeare —, que se soma ao processo de des-hierarquização — autores desconhecidos ao lado de consagrados.

Uma etapa descritiva de *José* e de *34 Letras* antecede o desenvolvimento dessas hipóteses interpretativas na dissertação. Nela apresento os aspectos gráficos, os bastidores, os colaboradores mais freqüentes, o cânone, as temáticas abordadas em ambas. No segundo capítulo, detenho-me na análise de *José*, lendo-a como o canto do cisne, a última "revista modernista", em crise diante das definições que ensaia para si. *José* expõe ainda o dilema das revistas literárias nos fins dos anos 70: ser uma revista elitista, voltada para um público especializado, ao mesmo tempo em que precisa vender para se manter no mercado.

34 Letras é o foco do terceiro capítulo, no qual se desenvolve a hipótese de que, apesar de, aparentemente, parecer uma revista de depois da queda do muro, entre alta cultura e cultura de massa, várias de suas estratégias a situam justamente como guardiã da noção de "cultura elevada". A pergunta que se procura responder é a seguinte: é possível lê-la como uma revista pós-moderna?

A idéia que se persegue nesses dois capítulos é a da leitura dos dois periódicos a partir de duas configurações do intelectual: a do legislador e a do intérprete, valendo-me das metáforas propostas por Zygmunt Bauman. Procuro verificar o funcionamento dessas noções partindo das estratégias das revistas, o que serve também para refletir sobre questões como valor, identidade, cânone, pluralismo. Constantemente procuro estabelecer pontes entre as duas revistas, a fim de elaborar uma perspectiva de diálogo e de tensão entre *José* e *34 Letras*. Parece-me que, traçando esses percursos, estaria procedendo à re-construção de algumas linhagens, movimentos, que são, nas palavras de Pierre Bourdieu (1996), instrumentos e apostas da luta das classificações e contribuem por isso para constituir os grupos, inscritos no processo de canonização e de hierarquização que leva à delimitação do cânone. Sendo assim, refletir sobre a articulação destes dois periódicos inscritos no campo literário[4], deslocando-os e re-semantizando-os, é, em última instância, o objetivo situado no horizonte deste livro.

---

[4] Bourdieu (1996, p. 141) entende que "o campo literário tende a organizar-se segundo dois princípios de diferenciação independentes e hierarquizados: a oposição principal, entre a produção pura, destinada a um mercado restrito aos produtores, e a grande produção, dirigida para a satisfação das expectativas do grande público, reproduz a ruptura fundadora com a ordem econômica, que está no princípio do campo de produção restrita; ela é cortada novamente por uma oposição secundária que se estabelece, no interior mesmo do subcampo de produção pura, entre a vanguarda e a vanguarda consagrada."

TRAÇOS & PERSONAGENS

JOSÉ E AS PROCEDÊNCIAS

> E agora José?
> A festa acabou,
> a luz apagou,
> o povo sumiu,
> a noite esfriou,
> e agora, José?
>
> (Drummond)

1976: um grupo de intelectuais pernambucanos publica, no Rio de Janeiro, a revista *José – Literatura, Crítica & Arte*[1]. Trata-se do surgimento de um periódico singular que parece ter raízes numa vinculação territorial. O crítico e professor Antonio Dimas (1996, p. 35-45) faz alusão à proveniência pernambucana

---

1 A revista teve os seguintes números publicados: n.1, jul. 1976; n.2, ago. 1976; n.3, set. 1976; n.4, out. 1976; n.5/6, nov./dez. 1976; n.7, jan. 1977; n.8, maio 1977; n.9, dez. 1977; n.10, jul. 1978.
O diretor e editor foi Gastão de Holanda (poeta), e compunha o conselho de redação, Luiz Costa Lima (crítico e professor universitário), Sebastião Uchoa Leite (poeta e tradutor), Jorge Wanderley (poeta e tradutor) e Sergio Cabral (jornalista e crítico de música). Em dezembro de 1977, a revista, em sua nona edição, assumia-se bimestral e passou a contar com os nomes de Antonio Bulhões e José Mindlin no conselho, além dos já citados. O periódico dispunha de um representante em São Paulo, João Alexandre Barbosa (que não aparece nos números 7 e 8), e outro no Recife, Gadiel Perruci (que, na quarta edição, deu lugar a *Livro 7 Empreendimentos Culturais*). A partir da segunda edição, cresceu o número de representantes: Paulo Siqueira, em Paris, Roberto de Holanda, no México, e Saudade Cortesão Mendes (viúva de Murilo Mendes), em Lisboa; e a revista passou a contar com a revisão de Fred Perrotti (até a oitava edição). No quarto número, Frederico de Holanda, de Londres, veio a somar-se aos representantes do periódico. Na nona e décima edições, somente os dois primeiros representantes persistiram: João Alexandre Barbosa (SP) e Gadiel Perruci (PE). A editoria de arte, até o oitavo número, competia a Cecília Jucá, com assessoria de Angelo Venosa, sucedendo-a nos dois últimos números, Sylvia Heller. No quarto e no quinto/sexto números, o departamento de publicidade ficou a cargo de Danúzio de Freitas. A distribuição da revista, cuja tiragem tinha em média 5.000 exemplares, com vendas de cerca de 3.000, foi de responsabilidade da Editora Fontana, porém a composição ficou a cargo da Compósita Ltda nas últimas edições.

daqueles intelectuais: "*José* nasce em plena ditadura militar e, ainda que não o explicite, resulta de um grupo pernambucano, nascido nos anos 30, que começara sua vida intelectual no Recife e de lá fora banido por força do golpe de 64."

Como começou: Recife, década de 50, na garagem da casa de Gastão de Holanda, uma prensa manual começava a funcionar, colocando em prática as idéias de um grupo de intelectuais que se reunia para fundar uma editora que fugisse aos padrões daquelas do circuito Rio – São Paulo. A pretensão inicial do grupo O Gráfico Amador, do qual participaram, para destacar alguns nomes (uns mais experientes e outros mais jovens) Aloísio Magalhães, Ana Mae Barbosa, Ariano Suassuna, Gastão de Holanda, Hermilo Borba Filho, João Alexandre Barbosa, Jorge Wanderley, José Laurenio de Melo, Orlando da Costa Ferreira, Osman Lins, Sebastião Uchoa Leite, era a de publicar seus próprios escritos, visto que o circuito editorial comercial não lhes era acessível. Todos eles, afirma João Alexandre Barbosa (2000, p. 12), "articulados pelo gosto do livro, da literatura, da arte e da tipografia". Entretanto, em 1957, ampliaram suas ambições e começaram a publicar também outros autores, observando, porém, o que era seu preceito central: "o de só publicar livros sob cuidadosa forma gráfica"[2].

Assim, com projetos gráficos "arrojados", O Gráfico Amador ensaiava sua inserção nas artes gráficas, enxergando no livro não apenas um amontoado de páginas, mas um produto merecedor da acuidade do especialista. Ainda que tenha durado pouco tempo (54-61), foi com esse espírito que O Gráfico Amador canalizou respeito e reconhecimento e legou edições que são verdadeiras obras-primas, marcando lugar na história da arte e do *design* no Brasil.

---

[2] Esta e as demais informações sobre O Gráfico Amador foram extraídas de Guilherme Lima (1997).

As intenções do grupo estão explícitas no primeiro boletim de O Gráfico Amador, datado de julho de 1955: reunia pessoas interessadas na arte do livro, com a finalidade de editar, sob cuidadosa forma gráfica, textos literários cuja extensão não ultrapassasse as limitações de uma oficina de amadores.[3] As edições caprichadas se sucederam, mas lá pelo primeiro quartel da década de 60 (mais especificamente entre 61 e 64), o cenário político conturbado fez com que o grupo se dispersasse: uns ficaram no Recife e outros emigraram para o Rio de Janeiro e São Paulo. Interessa, particularmente, o destino que toma Gastão de Holanda, o articulador dos dois grupos (*O Gráfico* e *José*), e o de alguns de seus parceiros.

Gastão Holanda, nos últimos anos de permanência no Recife, dividia suas atividades entre a Minigraf, escritório de *design* gráfico que manteve em sociedade com Cecília Jucá, e o Curso Livre de Artes Gráficas na Escola de Belas Artes. Sua produção, nessa época, constitui verdadeira explosão de criatividade, em contraste com a pobreza de recursos materiais que lhe são disponíveis. Em 1972, após a união com Cecília, deixa o Recife, seguindo o destino de seus pares em O Gráfico Amador. O trabalho que desenvolve à frente da Editora Fontana, no Rio de Janeiro, não raro coadjuvado ou em parceria com Cecília, fala por si só. Se mais não fosse, os dez números de *José*, um dos melhores exemplos de uma revista de cultura feita no País, já seriam suficientes para marcar a passagem desse casal pela história da comunicação visual brasileira (LIMA, 1997, p. 176).

---

3 Os trabalhos do Gráfico Amador, fundado em maio de 1954, eram projetados e realizados por Aloísio Magalhães, Gastão de Holanda, José Laurenio de Melo e Orlando da Costa Ferreira (Cf. LIMA, 1997).

De fato, já mencionei que a revista foi fruto do encontro de um grupo provindo de Pernambuco que se estabeleceu no Rio de Janeiro. Convém assinalar, nesse sentido, as presenças, ou como integrantes do conselho editorial ou colaboradores, de Sebastião Uchoa Leite, Jorge Wanderley, João Alexandre Barbosa, José Mindlin[4] (como entrevistado), José Laurenio de Melo, Orlando da Costa Ferreira, Ana Mae Barbosa, além de Hermilo Borba Filho que, tendo falecido no ano de estréia da revista, foi homenageado com um artigo sobre sua atuação (CORIOLANO, 1976).

A vinculação com O Gráfico Amador também explica, por exemplo, a publicação em *José* de uma gama de textos sobre a arte da bibliologia. Até mesmo em função dessa vinculação e experiência com O Gráfico Amador, a revista apresenta um projeto gráfico cuidadoso[5], com o emprego de iconografia, porém sem grandes requintes e ousadias[6], provavelmente enfrentando problemas de custos. No debate que se fez sobre a revista, há uma resposta do editor ao comentário de Sebastião Uchoa Leite, que afirmava o improviso como marca

---

4 Segundo o *Noticiário* 2, de maio de 1961, boletim do grupo, José E. Mindlin, um "estrangeiro" dentre os pernambucanos, também fazia parte da lista de sócios d'O Gráfico Amador (Cf. LIMA, 1997).

5 O editor Cleber Teixeira (Ed. Noa Noa), que acompanhou de perto as publicações do período e conheceu os integrantes de *José*, compartilha dessa opinião a propósito da preocupação de Gastão de Holanda em manter um padrão gráfico de qualidade, apesar da limitação dos recursos. A informação foi obtida em conversa com o editor.

6 Ana Cristina Cesar, em carta de 24 de maio de 1977 a Maria Cecília Londres Fonseca fez um comentário a respeito, em virtude da publicação de seu texto, "Na outra noite no meio fio", na edição de maio de 1977: "Olhe a sua amiga na careta revista José deste mês. A Tânia [Kacelnik] ilustrou tentando romper os eternos ritos da diagramação. Não sei se texto e desenho se integraram. Pelo menos destoou da revista" (FREITAS FILHO; HOLLANDA, 1999, p.147).

do periódico, inclusive graficamente. Gastão de Holanda (1977, p.16) discorda: "A revista não foi graficamente improvisada. Ela foi cuidadosamente planejada por Cecília Jucá e Angelo Venosa. Tem uma estrutura modulada pelo melhor *design*, a meu ver." *José*, a exemplo do Gráfico Amador, também tomava forma a partir da necessidade desses intelectuais de publicar seus próprios escritos[7], mas novamente ampliaram seu foco de interesse, abrindo espaço para outros escritores. Aconteceu, porém, que as pretensões também ganhavam outras proporções: não ser apenas uma revista para poucos colecionadores, como muitos dos trabalhos do Gráfico, mas atingir uma fatia maior[8], obviamente ainda circunscrita ao espaço do campo literário.

Sobre o ambiente intelectual da época, Sebastião Uchoa Leite (1990, p. 13-14) testemunha, enfatizando seus vínculos com O Gráfico Amador, em entrevista publicada na revista *34 Letras*:

> Quando eu estava por volta dos vinte anos, conheci primeiro uma figura que era poeta e ligado ao grupo O Gráfico Amador, que era José Laurênio de Melo. Fiquei amigo dele, escrevi sobre um livro que ele havia publicado, chamado *As Conversações Noturnas*, e depois entrei em contato com o pessoal do Gráfico. O Gráfico Amador era um grupo de amigos que fazia uma série de livrinhos pretendendo serem livros de arte gráfica. Quem liderava

---

[7] Da mesma forma que na maior parte das revistas, os integrantes do conselho editorial são colaboradores freqüentes, sendo a revista tomada como espaço de legitimação no campo.

[8] A propósito dessa intenção, ilustro com outro comentário de Gastão de Holanda, em resposta a Sebastião: Sebastião — "Eu não tenho esse dilema [critério de edição e critério de vendagem], porque sei que jamais serei Jorge Amado, serei sempre Sebastião Uchoa Leite." Gastão — "Em termos de revista, Sebastião, você podia dar uma de Jorge Amado. [risos]" (HOLANDA, 1977, p.13).

isso era Orlando da Costa Ferreira, junto com Gastão de Holanda e José Laurênio de Melo. [...] Por essa época, ainda estudante da faculdade, eu conheci, além do pessoal do Gráfico que era mais velho, um grupo mais da minha geração e evidentemente tínhamos interesses comuns. Era o João Alexandre Barbosa, Luiz Costa Lima, Jorge Wanderley — que também escrevia poesia — e outros que freqüentavam ainda a faculdade.

Ainda na entrevista, Uchoa Leite (1990, p. 15-16) enfatiza a que linhagem pernambucana se vincula, demarcando um posicionamento:

> Às vezes quando as pessoas falam 'Ah você é do Recife' eu falo logo 'Olha, o meu Recife, o meu nordeste, não tem nada a ver com o tropicalismo de Gilberto Freyre, o meu Recife é o de João Cabral de Melo Neto'. E aí eu esclareço logo minha posição, que é ao mesmo tempo estética e ideológica.

A afirmativa incita a ler a vinculação do autor em consonância com a da própria *José*, que tem em João Cabral de Melo Neto um dos autores mais freqüentemente referenciados no conjunto de textos publicados. Ao lado de Cabral, aparecem os seguintes autores mais citados: Carlos Drummond de Andrade, Oswald de Andrade, Stéphane Mallarmé e Mário de Andrade[9].

Sem levantar bandeiras nem declarar manifestos, o grupo proveniente de Pernambuco se mesclou, no Rio de Janeiro, a

---

9 Seguidos de T.S. Eliot, Manuel Bandeira, James Joyce, Machado de Assis e Marcel Proust.

outras procedências, sobretudo no que tangia ao *panthéon* da revista. Percebe-se a presença incisiva dos modernistas brasileiros como referência e pode-se dizer que o periódico presta tributo ao movimento. Tendo como bastião o modernismo, os vários colaboradores que a revista *José* acolheu em suas páginas ensaiavam respostas às inquietações sobre os rumos da literatura, prevalecendo, na retomada do movimento modernista, uma compreensão patrimonialista, na medida que buscava o resgate da memória.

Distinto de outros grupos que se reuniam mediante um ideário político comum, caso, por exemplo, da revista *Argumento* (1973-74), em que intelectuais de esquerda pretendiam, de alguma forma, demonstrar a oposição ao governo ditatorial, delineando um antagonista muito bem definido, a revista *José* apresentou-se destituída de um projeto militante ou de algum engajamento explícito, veiculando as contradições e discordâncias peculiares àquele contexto de fins dos 70. Por conseguinte, nas palavras de Gastão de Holanda (1976, p. 1), a revista vinha com uma proposta de ser uma "soma das personalidades dos seus colaboradores", "mobilizadas em torno de afinidades, enquanto que, como espelho, refletem o circundante e dele procuram fixar ou interpretar a imagem". Se o circundante era inquietante e dilemático, a revista cumpriu seu papel.

Acrescento que Drummond foi eleito o guia intelectual da revista, cujo título já denuncia a reverência ao poeta, autor de "José", o poema, e um dos expoentes do modernismo, que também publicou no periódico. Do poema "José" retém-se a perplexidade na revista, sintomática de um momento em que os movimentos literários se diluem, em que as vanguardas deixam de fazer sentido, em que se questiona sobre os possíveis caminhos da literatura. O epítome do poema —"E agora, José?"— funciona como um signo sintomático do periódico, reverberando ao longo de suas páginas.

Sebastião Uchoa Leite (que assume nos debates uma posição do "contra") critica a escolha do nome da revista, que viria carregado de uma carga simbólica de compromisso da qual o grupo não tinha condições de dar conta:

Outra coisa que eu fui contra foi o nome da revista: JOSÉ: Até o nome eu fui contra, a opinião que eu dei é que se ligava demais a Carlos Drummond de Andrade, por causa do poema JOSÉ, dele. Quer dizer, se ligava a Drummond e, portanto, a todo um contexto anterior e dava também uma conotação de revista com a participação política que nós não tínhamos condições de ter, que nós não tínhamos condições de sustentar, como estava fazendo OPINIÃO, como fazem MOVIMENTO e várias outras revistas. [...] Eu sou uma espécie de literato, uma toupeira. Quer dizer, fico enterrado fazendo as minhas coisinhas, prestem ou não prestem, para um determinado público. Então, a revista teria de refletir mais ou menos o nosso tipo de preocupação. Naturalmente tentando ampliar o leque, mas fundamentalmente isso.

O crítico e poeta pernambucano foi voz vencida: a revista chamou-se *José* e de algum modo refletiu a indefinição de rumo que o José, do poema, enfrentava, porém, não procurou dar conta da participação política mencionada e, sim, revelou a tensão do conceito de literário num momento de transição.

34 Letras: uma face espelhada

1988, um grupo de estudantes da PUC-RJ organiza uma revista que não se pretende simplesmente literária, mas visa aos entornos da literatura, ou ainda, abranger outras disciplinas que circunscrevem e dialogam com o literário. Trata-se, pois, de uma revista cultural, denominada *34 Letras*[10], que propõe, já no primeiro editorial, uma mescla de temas, de linhagens, de línguas, de gerações, indicando a diversidade de caminhos para a leitura, proposta que o ícone da revista sintetiza: o quadrado matemágico.

---

10 A revista foi publicada pela Editora 34 Literatura S/C, em colaboração com a Ed. Marca d'Água Ltda, nos três primeiros números. A partir do quarto, a colaboração foi da Ed. Nova Fronteira, sendo que na sétima edição a publicação foi da 34 Literatura S/C e do Colégio Internacional de Estudos Filosóficos Transdisciplinares, ainda com a colaboração da Ed. Nova Fronteira, sempre no Rio de Janeiro. Publicaram-se os seguintes números: n.1, set. 1988; n.2, dez. 1988; n.3, mar. 1989; n.4, jul. 1989; n.5/6, set. 1989; n.7, mar. 1990.
Os diretores responsáveis, todos estudantes do Departamento de Letras da PUC-RJ, mantiveram-se os mesmos na trajetória do periódico: Adriana Guimarães, André Cardoso, Beatriz Bracher, Carlos Irineu W. da Costa e João Guilherme Quental; mas o mesmo não pode ser dito do conselho editorial: inicialmente inexistente, somente a partir da quarta edição figuram tais créditos, compostos dos nomes de Lino Machado, Monika Leibold, Rubens Figueiredo e dos diretores responsáveis. Nas edições subseqüentes ao número 4, somam-se a estes Eric Alliez e Luiz Costa Lima como membros do conselho editorial.
O responsável pelo projeto gráfico e diagramação era Carlito Carvalhosa e o sétimo número contou com a direção de arte e produção gráfica de Elisa Bracher. Figuram também os créditos, a partir da quarta edição, de um conselho de arte, formado por Elisa Bracher, Regina Quental e Carlito Carvalhosa, modificado apenas na derradeira edição, que contém os seguintes nomes: Zaba Moreau, Beth Jobim e a já mencionada Elisa Bracher. Os ilustradores que freqüentam as páginas do periódico não são fixos, mas registro alguns nomes recorrentes: Regina Quental, Gisa Bustamante e Elisa Bracher, sendo prática constante que o ilustrador fique responsável por uma seção, buscando-se aí uma uniformidade visual, gráfica e de ilustrações para o conjunto de textos que a compõe.

Resultado de um projeto gráfico cuidadoso, a revista teve, desde seu lançamento, cara de livro sofisticado; sofisticação que só se acentuaria nos números vindouros. Editada em formato de livro, com lombada quadrada, as feições eram francamente luxuosas, exibindo uma diagramação elaborada, muitas ilustrações e vinhetas, capas requintadas, que resultaram em um produto de expressiva qualidade gráfica. Talvez possa-se falar, no caso de *34*, de um esteticismo que o periódico fez questão de exibir. No caso de *José*, o cuidado no projeto gráfico foi uma das características da revista, se comparada com as outras de sua época, mas nada que se igualasse ao luxo do projeto de *34 Letras*, item que a distinguia das outras revistas. Carlos Alberto Messeder (1986, p.72), ao tratar da produção poética dos anos 80, nota uma característica peculiar na virada dos 70 para os 80 que serve para observar o perfil de *34*: "uma certa ênfase numa sofisticação e numa plasticidade *high-tech* que se afastam cada vez mais do dado *artesanal* tão presente nos 70 e se aproximam de um certo luxo, incorporando uma dimensão 'moderna'."[11]

O supra-sumo deste primor estético apareceu refletido no número duplo 5/6, veiculado em setembro de 1989, comemorativo do primeiro aniversário da revista: em quase quinhentas páginas, com capa prateada, exposição de artistas plásticos/gráficos nas galerias das "Páginas brancas", intervenções gráficas nos ensaios, esbanjando uma variedade de papéis e de cores. Plural nas texturas, a revista impressionou pelo traje de gala.

---

11 Acrescento que, além de observar esta "plasticidade high-tech" no padrão gráfico da revista, há efetivamente uma incorporação dos trabalhos de natureza plástico-poética, resultados dessa aproximação entre a poesia e as artes plásticas, abordada por Messeder. Dos trabalhos publicados em *34*, cito alguns, como o de Eduardo Kac, os haicais de Leminski com desenhos de João Wirmond Suplicy, e a "Máquina rudimentar para leitura comparativa", de Luis Paulo Baravelli.

Continuidades Efêmeras

Os três primeiros números mantiveram certa regularidade no que concerne aos aspectos gráficos. A primeira capa (todas elas são duplas), em papel *couché* fosco cinza, estampou um poema de Fernando Pessoa; a segunda expôs um trabalho (água forte/água tinta) da ilustradora Regina Quental e a terceira exibiu uma reprodução da Pedra da Roseta, descoberta no Egito em 1799, contendo o mesmo texto em grego, demótico (grego antigo) e na escrita em hieróglifos (versões que aparecem na capa e nas primeiras páginas), numa referência à temática daquele número: a tradução. Nas capas, além da ilustração, constavam o nome do periódico, o número e a data, sem qualquer identificação do preço (que custava, na época, quatro cruzados novos) ou de chamadas para os textos. Uma revista com cara de livro que, não por acaso, seria vendida em livrarias. Na contracapa, exibiam-se os títulos das seções e os nomes dos autores, mantendo-se este padrão até o último número de *34*. Fica patente, em virtude do requinte gráfico, que dinheiro não faltou ao projeto, ainda que os colaboradores nada recebessem pelas publicações de seus textos. A esse respeito, Marta de Senna (1989, p. 27), em resenha que não poupou elogios para a revista, publicada no jornal paranaense *Nicolau*, sublinhou o que poderia ser um risco:

> Não me conto entre aqueles que acham que pobreza é fundamental, que prefeririam uma publicação em papel jornal, tipo gráfico miudinho e margem estreita para economizar número de páginas. Agrada-me a programação visual impecável, agrada-me a beleza de cada exemplar, o bom gosto do projeto gráfico como um todo. Mas fico-me perguntando se não seria preferível investir um pouquinho menos no luxo da apresentação e pagar um *pro labore* — ainda que simbólico — a seus colaboradores [...]

> Inquieta-me a impressão de que, a continuar nessa linha — de não remunerar seus colaboradores, ao mesmo tempo que se excede em gastos gráficos — a revista corre o risco de se tornar, pouco a pouco, mais bonita do que boa.

Com cores fortes e uma proposta gráfica mais audaciosa (uso de cor no corpo da revista, variedade de papéis, exposição de trabalhos de artistas plásticos/gráficos), o quarto número apresentou na capa um fragmento do delírio de Brás Cubas, nas cores verde e vermelho. É curioso observar o aumento gradativo do número de páginas (acompanhado das inovações gráficas), que salta das 150 iniciais (n.1 e n.2) para 194 no n. 3, 240 no n.4 e 432 páginas no n. 5/6, ainda que o formato quadrado se mantivesse o mesmo, 21cm x 21cm. Este número duplo, já se salientou, comemorativo de um ano de vida da *34 Letras*, apresentou-se em traje de festa: capa prateada, variedade de papéis, convidados especiais (Maurice de Gandillac foi um dos entrevistados, Gilles Deleuze, Barbara Cassin, Pierre Klossowski, por exemplo, publicaram textos nesta edição).

Enquanto foi publicada, as dificuldades financeiras definitivamente não foram o problema da *34 Letras*, pelo menos enquanto durou a lei Sarney, de cujas benesses a revista se mantinha. Prova disso é que as resenhas publicadas em outros periódicos, naquele período, davam destaque ao requinte gráfico da revista. No *Letras*, da *Folha de S.Paulo*, o editor do caderno Marcos Chiaretti (1989, p. 2) comenta no artigo "*34 Letras* une cuidado gráfico e crítico": "Há nesta busca do esmero gráfico um sinal de profissionalismo evidente. Profissionais no bom sentido: cuidadosos e precisos". Outra passagem do texto de Marta de Senna (1989, p. 27), já citado, também se refere ao mesmo requinte:

Mencionei há pouco a qualidade gráfica, efetivamente surpreendente numa revista brasileira. O papel (papéis) é de um luxo de 1º Mundo. Ou melhor, de 3º Mundo mesmo, quase asiático, no propósito de provar que 'yes, nós temos dinheiro', graças aos benefícios da Lei 7505, que carreia o patrocínio de grandes empresas. O número 4, por exemplo, se permite o fausto de — se não contei errado — usar *quatro* tipos de papel, impressão em várias cores, tudo belíssimo.

A última edição (que estampou tubos de ensaio na capa) não é menos luxuosa que a anterior, com cerca de 260 páginas. A revista não contou com anunciantes, mas com o apoio cultural de várias empresas, que se beneficiaram da dedução de impostos previstos na lei: até o quarto número, *34 Letras* capitalizou o apoio de Papel Classic Cia. Suzano, Instituto de Artes Moreira Salles, Fundação Vitae, Banco Itamarati S.A., Metal Leve. A partir do número 5/6, passou a contar com o incentivo do Banco Crefisul de Investimento S.A., Lorentzen Empreendimentos S.A., Siemens S.A. e Itabira Participações S.A., além das já colaboradoras, Metal Leve S.A., Companhia Suzano de Papel e Celulose e Instituto de Artes Moreira Salles. A partir desta edição dupla, creditou também o apoio adicional do *Ministère des Affaires Étrangères Français*. O quadro manteve-se no sétimo e último número, salvo o cancelamento do incentivo de Itabira Participações S.A. A partir de 1990, sem a lei Sarney e sem o "ouro" dos leitores, a revista deixou de circular.

O Herdeiro Modernista Busca Lugar nas Trincheiras

Acabou o modernismo no Brasil? A questão, em suspenso, funcionou como o diapasão da revista *José*, no fim do decênio de 70. Entre a retomada dos ícones modernistas e a perspectiva de refletir sobre os impasses contemporâneos da literatura, *José* seguiu durante dois anos em busca de vinculações a um projeto, a uma estética, a uma tradição. Ao tentar definir estes contornos, no editorial do primeiro número da revista, o editor Gastão de Holanda (1976, p. 1) afirmou: "a expectativa de receptividade pelo público, [...] traduzida por pessoas que se identificam com um certo modo JOSÉ, de julgar, ler, escrever ou perguntar, repetida e compulsivamente, como no célebre poema do mesmo nome."

Os questionamentos sobre o presente e sobre a possível crise que se delineava (no mesmo editorial, aparece a pergunta — "Alguma coisa mudou na área e na qualidade da produção intelectual, ou mudamos nós, enquanto leitores? Existe uma crise?") remetem à indagação sobre o modernismo, que, quarenta anos antes, já tinha sido o mote do quarto número da revista *Lanterna Verde*, em 1936. Vale a pena retomar, ainda que brevemente, a aparição do *Boletim da Sociedade Felipe d'Oliveira*, que pretendia fazer um balanço crítico do modernismo em nossas letras, propondo algumas reflexões dos intelectuais sobre o fim do movimento. Contribuíram ali intelectuais de duas gerações: a que despontou com o modernismo, dentre os quais aparecem Murilo Mendes, Augusto Schmidt, Manuel de Abreu, Renato Almeida e Jorge de Lima, e a que veio na esteira do movimento, com Gilberto Freyre, Octavio de Faria, Affonso Arinos de Mello Franco e Lucia Miguel Pereira. Duas ausências são mencionadas por Tristão de Athayde (1936), a de Mário de Andrade e de Manuel Bandeira, que teriam sido inquiridos a participar, mas não colaboraram, por motivos não explicitados no periódico. Provavelmente, é de supor que foram as divergências políticas que marcaram essas ausências, apesar de Silviano Santiago (1989b, p.78) enfatizar que,

> [...] ao contrário da maioria das revistas de direita que conhecemos, a citada *Lanterna Verde* abriga generosamente em suas páginas autores de esquerda, ainda que poucos. A generosidade advém de um egoísmo maior de ambas as partes, pois traduz uma atitude comum que une os intelectuais de direita e de esquerda naquele momento decisivo da história brasileira: o repúdio à postura liberal clássica, caracterizada então como oportunista e altamente conservadora, contrária portanto aos princípios revolucionários de ambos os grupos.

Enquanto *Lanterna Verde* decretava a morte do movimento, *José* apostava na retomada do cânone modernista, já devidamente instituído, para se posicionar nos fins dos 70. Em consonância, porém, um olhar nostálgico do passado de nossas letras.

Interessa, particularmente, um texto de Tristão de Athayde, intitulado "Síntese", publicado em *Lanterna Verde*, no qual o autor recapitula os diversos posicionamentos dos intelectuais diante da reflexão sobre o estado das manifestações literárias no Brasil daquela época, compreendendo o período de 1930 a 1936, procurando sistematizar as diversas perspectivas, como já se disse, a partir de dois grupos: os participantes do modernismo[1] e os sucessores deste. Tristão de Athayde (1936) assume

---

1 Sublinho uma distinção de nomenclatura sobre o que Tristão de Athayde considera o modernismo e como leio a perspectiva da revista *José*. Para Tristão (1936, p. 89), "o movimento modernista nasceu, no Brasil, durante a guerra européa, tendo em S. Paulo o seu quartel general; generalisou-se em 1925, com a adesão dos elementos cariocas e a Semana de Arte Moderna;

Continuidades Efêmeras

um tom apaziguador ao fazer o resumo dos principais pareceres sobre a situação das letras no Brasil e extrai certas conclusões comuns aos colaboradores da *Lanterna Verde*, com as quais se coloca de pleno acordo. Num desses remates sublinha que, enquanto o modernismo refletia o otimismo do após-guerra, o "post-modernismo" respira o ar sombrio de uma nova anteguerra, da crise que não passa, das revoluções que continuam. Faz prognósticos e conclui que

> [...] o modernismo foi um movimento de grupo, por maiores que fossem desde o início as irredutíveis diferenciações e as hostilidades entre as várias correntes desse grupo. Hoje não há nem mesmo esse espírito de grupo.
>
> O post-modernismo é uma volta às pessoas, às obras individuais ou aos grupos acidentais e efêmeros, com caráter mais afetivo que literário (ATHAYDE, 1936, p.94).

Ainda que transpareça um tom melancólico ao abordar o espírito de grupo das vanguardas, a síntese proposta por Tristão de Athayde (1936) contempla o espírito das letras dos anos 30 como algo mais grave, mais profundo, mais social e espiritual que o do modernismo.

---

dividiu-se em várias correntes, radicalmente separadas entre si, em convicções filosóficas, em idéas estéticas e em posições políticas; e dissolveu-se espontaneamente por volta de 1930, quando o interesse nacional se deslocou do terreno literário para o terreno político e a literatura veio a assumir uma feição inteiramente diversa da que vinha tendo no decênio anterior." Para *José*, entendo que o modernismo abrange desde o marco oficial, a Semana de Arte Moderna, vide Mário de Andrade, Oswald de Andrade, Tarsila do Amaral e Blaise Cendrars, como também inclui Carlos Drummond de Andrade e João Cabral de Melo Neto. Atento ainda para outra distinção: na bibliografia contemporânea estrangeira, emprega-se o termo como manifestação da arte moderna.

O modernismo se oferece sob o signo da destruição, ao passo que atualmente o que vemos não é mais a preocupação anti-passadista e sim o esforço de construir e de criar alguma coisa de próprio. O modernismo foi, por isso mesmo, alegre, sarcástico e blagueur. Graça Aranha e a sua corrente pregavam a perpétua alegria. Oswaldo de Andrade e os seus antropófagos caçoavam, demoliam, assoviavam. Hoje, escasseiam os ironistas ou os polemistas. Cessou o sorriso ou a gargalhada. Em todos os setores literários o que se vê é o reflexo da hora trágica que o mundo atravessa (ATHAYDE, 1936, p. 93-94).

No texto de *Lanterna Verde*, Tristão de Athayde prefere não arriscar juízos sobre a qualidade das produções mais recentes, ainda que em suas constatações, decorrentes da leitura dos textos publicados, detecte o princípio da dissolução dos grupos, ou, se se preferir, da diáspora das vanguardas. As considerações de sua "síntese" são taxativas e o diagnóstico não deixa dúvidas: o modernismo acabava de morrer.

O crítico Silviano Santiago (1989b) também propõe um balanço do modernismo, mas aí já decorridos sessenta anos, e enxerga o funeral do movimento na publicação em que Tristão de Athayde sentencia o fim. Funeral que também é festa.

Com o pano de fundo das grandes revoltas ideológicas que dividem o país e que antecedem à Segunda Grande Guerra Mundial, o modernismo de 22 é enterrado em 1936 ao repicar de sinos maniqueus (nitidez na oposição de luz e sombra, de Deus e o Diabo, de catolicismo e comunismo). As vozes dos sinos guerreiros traçam o perfil de um intelectual intolerante, de feição totalitária e bem

Continuidades Efêmeras

pouco democrático nas suas intenções revolucionárias, pois deseja modernizar o Brasil e atualizar a sua arte pela destruição do seu oposto. [...]
Nesse funeral — que é também batismo do novo movimento, o 'pós-modernismo', como o denominam Tristão de Ataíde e Octávio de Faria —, nessa festa ambivalente, tradicionais inimigos se congratulam e ocupam as páginas de uma mesma revista ao nomear um inimigo comum (o liberalismo clássico), antes que se digladiem na arena dos anos 30. Como num duelo romântico, neste número 4 da *Lanterna Verde*, sintomaticamente organizado e publicado em 1936, os intelectuais de esquerda e de direita apertam as mãos e se distanciam contando os passos (SANTIAGO, 1989b, p.78-79).

A postura antiliberal promove, dessa forma, o compartilhamento das páginas da *Lanterna Verde* entre a esquerda, ainda que fiquem de fora Mário de Andrade e Bandeira, e a direita. Assim, assiste-se à "conivência no autoritarismo, consenso no projeto cultural. Mãos dadas: política e arte, modernismo e Estado Novo" (SANTIAGO, 1989b, p.80).

Podemos concluir que, neste ciclo, ao contrário do anterior, o Modernismo (agora já tendo incorporado até mesmo os seus contestadores mais ferrenhos dos anos 30) surge como uma força capaz de moldar novos projetos criativos que se aproximam e se distanciam dos modelos 'autênticos' de 22, como num fluxo e refluxo da maré. A avaliação crítica conduzia, pois, a um esforço por constituir o alicerce onde vai sendo construído o trabalho jovem. Uma dedicatória a Lins do Rego ou uma epígrafe tomada de empréstimo a um poema de Drummond não significam sinal de companheirismo, mas antes a marca de determinada ascendência daqueles autores sobre a produção dos mais moços. O sentido do passado é o presente e a avaliação se encontra comprometida por uma linha que estamos nomeando como a de uma dada tradição. Se o movimento modernista enquanto 'força fatal', para retomar a expressão de Mário, era um fogo que ardia, agora o Modernismo é um fogo que esquenta panela (SANTIAGO, 1989b, p. 85).

Na medida em que se incorpora à tradição, perde vigor a força contestatória do modernismo, o que equivale a dizer que, ao se institucionalizar, os procedimentos tendem a ser reproduzidos e despotencializados, promovendo novas articulações estéticas (filiações e dissidências) e políticas e dissolvendo o caráter contestatório. Convém abordar aqui as considerações de João Luiz Lafetá, em *1930: a crítica e o modernismo,* ao apresentar um exame comparativo do que chama a "fase heróica" do modernismo e da que se segue à Revolução de 30, mostrando uma diferença básica entre as duas: ou seja, enquanto a primeira dá ênfase ao *projeto estético* (discutindo principalmente a linguagem), na segunda a ênfase é sobre o *projeto ideológico* (discute-se a função da literatura, o papel do escritor, as ligações da ideologia com a arte). Há, principalmente, uma mudança de ênfase: da consciência otimista e anarquista dos anos vinte à pré-consciência do subdesenvolvimento dos anos 30, sendo que, neste movimento, Lafetá (1974, p. 21) também detecta uma diluição da estética modernista, na medida em que "as revolucionárias proposições de linguagem vão sendo aceitas e praticadas ('rotinizadas' na expressão de Antonio Candido) vão sendo igualmente atenuadas e diluídas".

Continuidades Efêmeras

Nessa lógica, parece pertinente estabelecer uma relação com a reflexão de Peter Bürger (1993) sobre os movimentos de vanguarda, entendida como instância autocrítica, porquanto crítica não uma tendência artística precedente, mas sim a instituição arte. Em *Teoria da vanguarda*, ele afirma:

> O conceito dos movimentos de vanguarda aqui aplicado foi obtido a partir do dadaísmo e do primeiro surrealismo, mas refere-se igualmente à vanguarda russa posterior à Revolução de Outubro. O que estes movimentos têm em comum, embora difiram em alguns aspectos, consiste em que não se limitam a rejeitar um determinado processo artístico, mas a arte do seu tempo na sua totalidade, realizando, portanto, uma ruptura com a tradição. As suas manifestações extremas dirigem-se especialmente contra a instituição arte, tal como se formou no seio da sociedade burguesa. [...] Quando um artista dos dias de hoje envia uma chaminé de fogão a uma exposição, já não está ao seu alcance a intensidade do protesto que os *ready mades* de Duchamp exerceram. Pelo contrário: enquanto que o *Urinoir* de Duchamp pretendia fazer ir pelos ares a instituição arte (com a suas específicas formas de organização, como museus e exposições), o artista que encontra a chaminé de fogão aspira que a 'obra' tenha acesso aos museus. Deste modo, porém, o protesto vanguardista transformou-se no seu contrário (BÜRGER, 1993, p.67).[2]

Quero sugerir com isso que o modernismo, imbuído de um caráter vanguardista, também sofreu o mesmo processo neste movimento de institucionalização dos procedimentos. Um

---

2 Voltarei a essa questão da vanguarda mais adiante.

exemplo sintomático, nesse sentido, é o resgate oficial promovido pelo governo militar em 1972 com a exposição encomendada ao Instituto de Estudos Brasileiros, "Brasil: 1º tempo modernista".

Em mais um refluxo da maré, sendo que vários marcaram esses quarenta anos que intermediaram as duas produções, *José* apareceu sob a égide da impossibilidade de fazer uma "revista de grupo", dilema que, desde o início, marca o surgimento dela. Nas páginas da revista, também se fez presente Tristão de Athayde, que descartou o pseudônimo e assinou como Alceu Amoroso Lima (1977), para manifestar seu testemunho, como voz apaziguadora, sugerindo que nem tudo está tão mal. Reconhece que a geração dos anos 70 se encontra diante de um muro de intransigência no que concerne à falta de liberdade de expressão, mas salienta que há sempre meios de se burlar a "linha Maginot".

> Os franceses traçaram uma linha que ia da fronteira da Bélgica até a fronteira da Suíça. Nessa linha levantaram fortificações extraordinárias, impossíveis de serem atravessadas. Mas ela parava na Bélgica porque tinham a idéia de que a Bélgica era neutra, através de tratados internacionais. Os alemães, ao contrário, partiram do princípio de que os tratados eram apenas um pedaço de papel. Então, invadiram a Bélgica, contornaram a linha Maginot e invadiram a França. E a linha Maginot ficou considerada apenas um símbolo de que é inútil querer estabelecer um muro onde há uma torrente (LIMA, 1977, p.35).

A linha Maginot é a metáfora bélica da imposição da censura, limite passível de ser transposto, no entender de Alceu Amoroso Lima e no testemunho da produção da época. O crítico católico cita Goethe, para afirmar que toda liberdade nasce da disciplina: "então, essa disciplina que nos vem, inclusive de fora para dentro, com as dificuldades de criação, censura, limitações, pode ser fecunda", lendo o cerceamento arbitrário como desafio à produção literária. Convém registrar que, de fato, a censura contribuiu para a produção de uma vasta gama de publicações[3] que encampavam à "resistência", articulando um discurso de oposição ao regime militar através de uma linguagem alegórica ou dissimulada.

Pode-se articular o texto de Tristão de Athayde, publicado em *Lanterna Verde,* com a entrevista concedida à *José* pelo crítico Otto Maria Carpeaux. Ao rememorar as manifestações literárias do momento em que chega no Brasil para contrapô-las às da década de 70, Carpeaux (1976, p.4) preconiza:

> [...] Pense no Estado Novo: a literatura brasileira era a de Bandeira, Drummond, Murilo Mendes, Graciliano e outros. E hoje? A diferença é grande. Naquela época havia uma literatura brasileira. Hoje há talvez um número maior de poetas, ficcionistas e ensaistas de bastante talento. Mas não existe uma literatura, um corpus, neste momento.

---

3 Sobre a produção do final dos anos 60 aos meados dos 70, Maria Lucia de Barros Camargo sublinha o surgimento da chamada "imprensa alternativa" e detecta um paradoxo pertinente a esta produção que surge na esteira da censura. Trata-se do fenômeno "em que tablóides de orientações ideológicas diversas dentro do amplo espectro da esquerda – *O Pasquim, Opinião, Movimento, Beijo, Ex* — concentram boa parte dos textos culturais e literários [...] Paradoxalmente, apesar dos ataques da censura prévia e até por causa deles, tais periódicos alcançaram notoriedade, grandes tiragens e público fiel, ao menos enquanto durou o regime de exceção, e sucumbiram não tanto à censura, mas ao efeito devastador das novas realidades mercadológicas que se impõem a partir do final dos anos 60." "Não há sol que sempre dure. Revistas literárias brasileiras: anos 70". In: *Boletim de Pesquisa NELIC*, Florianópolis: UFSC, n.3, março, 1998, p.5.

Ainda que o incômodo posto em cena com a diáspora das vanguardas, a fragmentação dos grupos, seja ponto pacífico para ambos, cabe distinguir, entretanto, os dois recortes: Tristão de Athayde enxergava os indícios dessa dissolução dos grupos na década de 30, enquanto Otto Maria Carpeaux, que desembarcou no Brasil em 39, detecta, ainda nos anos 40, a presença de um corpus, quando coexistiam vários movimentos literários e era possível distinguir os combates entre os grupos. Já nos anos 70, Carpeaux (1976, p. 4) se questiona sobre a produção contemporânea, sem conseguir identificar uma literatura, um corpus ou um movimento de grupo: " Não existe hoje um movimento literário. Não se pode fazer diferença entre grupos que se combatem. Isso havia em 1945. Hoje não há correntes, nem mesmo corrente no singular. É cada um por si".

Sem inimigo(s) localizado(s), fica cada vez mais difícil identificar os grupos, e a causa deste fenômeno de "atomização" da literatura é, na perspectiva de Carpeaux, além de uma questão de regime político, resultado do regime econômico. O crítico aponta para o problema do capitalismo e, conseqüentemente, para a lógica de mercado, que definitivamente engrena naqueles anos. Assim, essa "atomização" seria resultante

> Não só da censura, mas de uma situação geral. Não duvido que o mesmo ocorra noutros países, até os francamente liberais. Certamente a causa é o regime político, mas é muito mais o regime econômico. Os interesses da maioria dos intelectuais não são mais interesses intelectuais, nem políticos propriamente ditos (CARPEAUX, 1976, p. 5).

Um dos dilemas do periódico pode ser lido a partir da perspectiva agônica de Carpeaux. Se, por um lado, o crítico aponta (e lamenta) um distanciamento daquela atitude predominante nas produções culturais dos anos precedentes, que se faziam sobretudo em torno de "movimentos", como foi o caso dos concretos, da bossa nova, do cinema novo, do tropicalismo, e tantos outros, é preciso considerar, entretanto, que é no modernismo[4] que se pautam os parâmetros da revista. Por outro lado, na revista pressente-se a necessidade de se focar a produção contemporânea, debatendo-se, a partir daí, com a questão dos critérios de valor. É neste eixo que reside o drama do periódico que, diante do caráter irreversível da fragmentação das vanguardas, ainda busca lugar nas trincheiras. Um dilema se impõe: voltar os olhos ao modernismo ou retratar a literatura do período?

CORRESPONDÊNCIAS MODERNISTAS

Para refletir sobre os principais traços da revista, é pertinente tratar de algumas figuras emblemáticas que se destacaram nesta rede da crítica: Luiz Costa Lima, Gastão de Holanda, Sebastião Uchoa Leite são alguns dos pertencentes ao grupo que dirigiu e colaborou na revista. Ao lado de Alceu Amoroso Lima e de Otto Maria Carpeaux, aparecem Drummond e Mário de Andrade, expoentes de uma geração que constitui as referências literárias dos primeiros. Carpeaux e Amoroso Lima foram, como já foi mencionado, entrevistados pela revista, enquanto Mário de Andrade se manifestou na publicação póstuma da correspondência endereçada a Drummond. Este, por sua vez, entrou em cena como o grande homenageado do periódico: desde o título, ao posto de autor mais assíduo como referência no conjunto de textos publicados.

---

4 Outro dado que merece ser citado: procurando conjugar um movimento similar ao dos modernistas, *José* se esforça para enxergar nos movimentos folclóricos produtos sofisticados, imbuídos de legitimidade e dignos de resgate. É nesse viés que leio a publicação da entrevista com Candeia no oitavo número de *José – Literatura, Crítica & Arte*.

Figurando como segunda destinatária das cartas[5] de Mário, na época ainda inéditas, a revista *José* reiterou os laços com o modernismo e apareceu relacionada aos desdobramentos da viagem do grupo modernista de São Paulo a Minas Gerais, em abril de 1924. Nessas correspondências de Mário, o teor das cartas continham desde análises dos poemas de Drummond a posicionamentos diante de outras vertentes do movimento modernista e esclarecimentos sobre o "nacionalismo-universalismo" que pregava. Sobre a publicação dessas cartas, o editor Gastão de Holanda, em debate publicado no penúltimo número do periódico, revelou que pretendia que a correspondência de Mário fosse o "carro-chefe" das publicações de *José*. O editor chegou a admitir o aumento na tiragem, a partir do quarto número (no qual aparecem as primeiras cartas), depositando um crédito no aumento das vendas que seria susten-

---

5 Nas cartas publicadas na revista *José* constam as seguintes datas: 10 de nov. 1924/ sem data, no n.4; 21 de jan. 1925/ 18 de fev. 1925/ 27 maio, 1925, no n.5/6; 23 ago. 1925, no n.7/ 16 out. 1925/ 18 de nov. 1925/ 29 nov. 1925/ 7 dez. 1925/ 28 dez. 1925, no n.8; sem data/ 23 jan. 1926/ 18 fev. 1926/ 19 mar. 1926/ 8 maio 1926, no n.9; 8 de jun. 1926/ 1 ago. 1926/ sem data (1926)/ sem data, no n.10. Ao se cotejar a edição organizada por Carlos Drummond de Andrade (*A lição do amigo:* cartas de Mário de Andrade a Carlos Drummond de Andrade. 2 ed. rev. Rio de Janeiro: Record, 1988), registro algumas distinções. Verifica-se que as cartas publicadas na revista são justamente as primeiras correspondências enviadas por Mário, sendo que apenas uma fica de fora, de acordo com a fonte citada. Trata-se da quinta carta [Sem data], que precede a de 27 de maio de 1925. A carta de 28 de dezembro de 1925 figura na edição em livro como sendo de 22 de dezembro de 1925, e na de 19 de março de 1926 consta a data 10 de março de 1926. Na correspondência sem data que precede a de 23 de janeiro de 1926, ambas publicadas no número nove, consta "Ano Bom de 1926", e na última carta publicada em *José*, onde consta sem data, aparece a referência [X.1926] no livro. Cabe sublinhar ainda que era intenção de Drummond tê-las publicado todas em *José*, propósito interrompido com o fim da revista, que o poeta menciona na apresentação do livro. As notas escritas por Drummond, que acompanham a edição em livro, são mais completas que aquelas publicadas na revista.

tado pela veiculação deste material, o que efetivamente, diga-se de passagem, não aconteceu. Cito, a seguir, alguns comentários a este propósito, extraídos do debate "José no espelho":

Gastão de Holanda – [...]Se nós tivéssemos que nos conduzir pelo IBOPE de cartas, então, a conclusão seria a seguinte: não recebi nenhuma carta sobre nenhum poema, não recebi nenhuma carta sobre nenhum ensaio. Recebi inúmeras cartas sobre as cartas de Mário de Andrade e Drummond. Que eram monstro-cartas... pluricartas... sempre-cartas... Bom, em matérias de IBOPE, o surpreendente foi isso [...].

Silviano Santiago – Gastão, desculpe eu ser chato, mas o dado objetivo é que não foi boa a vendagem da revista. Quer dizer, não aumentou o consumo da revista.

Luiz Costa Lima – A tiragem aumentou, não aumentou o consumo.

Jorge Wanderley – Ou isto. Em segundo lugar: aumentou a chegada de cartas de leitores, a propósito desse assunto aí, mas essas cartas desses leitores apreciadores da epistolografia de Drummond e Mário não são exatamente do tipo de leitores que se interessariam por assuntos de nível mais complexo. Se esses são os nossos leitores, vamos escolher de vez e manter esta área, ou outra (HOLANDA, 1977, p. 9-10).

A publicação da correspondência dos escritores veio reforçar um posicionamento da revista: a aposta no modernismo como valor estético. Apesar das cartas dos leitores, do "IBOPE em alta", as vendas continuaram estagnadas no mesmo patamar.

A postura de alguns textos publicados em *José* insistia em dramatizar a questão da identidade nacional, buscando retomar os paradigmas do modernismo para pensar o nacional, a literatura e o cânone. Assim, a revista pôde ser lida como um signo do moderno, na medida em que ainda procurou sistematizar um projeto e crer na existência de uma saída para a crise da literatura. Preponderava um tom agônico nos debates, nas entrevistas e mesmo em alguns ensaios publicados, como será visto em seguida, numa espécie de reverberação dos impasses do "José" drummondiano.

O Programa da Cidade Modernista

Vão tirar da cidade o centro da cidade,
vão tirar da cidade toda cidade, vão fazer o que da cidade?
Vão plantar uma cidade nova no lugar da cidade carcomida,
vão desistir de manter as ruinas da cidade,
vão decretar que a cidade não é mais de a gente morar.

(Drummond)

José também se debruçararia sobre a arquitetura e Brasília seria o enfoque de textos que viriam discutir as possibilidades para os impasses que a cidade enfrentava. À beira dos anos 80, a cidade planejada, emblema do moderno, que um dia pareceu ser a saída para o impasse urbano, apareceu em cena com muitos problemas.

Vários foram os textos (MORAIS, 1976; HOLANDA, 1976; GRAEFF, 1977) publicados na revista em que se enfatizava a questão do espaço urbano, assim como a análise do Centro Urbano do Plano Piloto de Brasília, a partir da explanação de algumas posições sobre os centros das cidades em geral e do rebatimento deste referencial teórico sobre o caso da cidade planejada. Penso que esses textos servem, assim como os debates, para ler em *José* a busca incessante por soluções diante dos impasses.

Nos textos aqui levantados, propõem-se algumas hipóteses para a reestruturação do espaço em estudo, na busca da qualidade de vida urbana, após a identificação dos principais problemas da cidade. Neste cenário, o lixo, a poluição, a pobreza já se amontoam nesse espaço e as soluções não parecem ser tão evidentes. Como articula, ceticamente, Edgar Albuquerque Graeff (1977), os problemas da habitação se acumulam na sociedade capitalista devido a desajustes de ordem econômica, social e política.

> O mais ligeiro exame é suficiente para revelar que nas condições atuais já não é lícito caracterizar a cidade como berço e residência da civilização, ou como forja de revoluções. Porque a cidade está agonizante, e nos seus estertores ela não se limita a desmantelar as estruturas urbanas, mas vai ainda e rapidamente devorando o próprio agros, mutilando a natureza, destruindo, mesmo no campo, aqueles bens insubstituíveis que Le Corbusier definiu um dia como fontes de *alegrias essenciais*: o ar puro para respirar, os raios do sol, as vistas sobre a passagem, a limpidez das águas, o canto dos pássaros, a dança serena das nuvens contra as transparências do céu[...] A cidade, sem a menor dúvida, está falida como lugar apropriado para uma vida saudável e civilizada (GRAEFF, 1977, p.24).

Afirma, "com plena convicção", entretanto, que a arquitetura é senhora das soluções dos problemas da habitação, porém, ela não ocupa uma posição tão sólida, o que só faz testemunhar o desmoronamento da cidade. Neste texto, Graeff (1977, p. 28) tece 26 considerações sobre o espaço urbano, sublinhando as necessidades urbanísticas que se impõem em nossa sociedade.

Verifica-se, portanto, que já não se trata apenas de melhorar ou reformar a cidade — mas que se impõe, com urgência, recuperar o urbano, criando novas estruturas espaciais, capazes, inclusive, de permitir que *as melhores conquistas da ciência, das técnicas e da arte moderna* participem da vida cotidiana dos homens (grifo meu).

Graeff estabelece, dessa forma, a necessidade de se levar a revolução social à vida cotidiana de toda a população, apostando num projeto de novo espaço urbano, ou ainda, na criação da vida urbana do futuro. Ao reivindicar a fidelidade ao "mestre" Le Corbusier, para quem a vida transcorreria alegre e feliz desde que os empreendimentos urbanísticos fossem realizados de acordo com o ritmo de atividade dos homens, cujo conceito já estava tumultuado nos anos 40, Graeff (1977, p.28) conclui procurando sensibilizar o leitor, ao conclamar uma revolução urbana urgente, visando a um futuro distinto:

> [...] nós, arquitetos, cometeremos uma espécie de suicídio profissional se continuarmos insensíveis à *revolução urbana* necessária e urgente, revolução que terá de ser vigorosamente afirmada por nós não apenas como reflexo, mas também e principalmente como instrumento de criação da SOCIEDADE URBANA do futuro.

Pode-se ler em consonância com o diagnóstico proposto por Graeff aquele sugerido por Frederico de Holanda para os problemas concernentes ao centro urbano de Brasília. Sem alarmismos, Holanda (1976, p. 42) propõe uma série de recomendações no sentido de evitar o agravamento dos problemas peculiares às grandes cidades, como o dimensionamento do comércio, a circulação de veículos e o aumento demográfico, enfatizando a necessidade de "um processo de planejamento contínuo, sistemático e global, que permanentemente tenha identificado uma série de problemas a resolver, um conjunto de objetivos a perseguir, um elenco de medidas a implantar e avaliar". Posicionamento que parece reforçar o conceito de moderno segundo critérios progressistas, sem se deter no processo descontínuo e rasurado da história. Nesses textos, nota-se a preponderância de um tom de crença no planejamento e nas soluções calculadas previamente, o que parece bem conciliado com a estratégia da revista, que procura dar conta dos problemas que se impõem, ensaiando propostas e soluções; é a busca incessante de respostas para a questão — E agora, José?

Enxerga-se neste discurso agônico e na concepção de projeto uma prática tipicamente moderna — criticar, advertir e alertar —, com vistas à legislação dos critérios e dos valores:

> Podemos dizer que a existência é moderna na medida em que é produzida e sustentada pelo projeto, manipulação, administração, planejamento. A existência é moderna na medida em que é administrada por agentes capazes (isto é, que possuem conhecimento, habilidade e tecnologia) e soberanos. Os agentes são soberanos na medida em que reivindicam e defendem com sucesso o direito de *gerenciar e administrar a existência*: o direito de definir a ordem e, por conseguinte, pôr de lado o caos como refugo que escapa à definição (BAUMAN, 1999, p. 15).

Tal argumento reforça a hipótese de leitura da revista vinculada a um projeto moderno, veiculando textos que se dispõem a discutir as possibilidades para a ordem, sustentando a crença no projeto e no planejamento. Porém, o crítico Zygmunt Bauman (1999) atenta para a armadilha das soluções modernas que primam pela produção da ordem, visto que atualmente muitos problemas são criados por resolução de problemas, novas áreas de caos são geradas pela atividade ordenadora, sendo que o progresso consiste antes e sobretudo na obsolescência das soluções de ontem.

Conceber na própria concepção de ordem a ambivalência implícita, de que não há ordem sem caos, é admitir que, ao produzir a ordem, o caos avança. É possível, nesse sentido, identificar no periódico, como nos textos que mencionei, essa crença no planejamento com vistas ao progresso, mas que traz paradoxalmente o gérmen desse caos. Assim, também a promoção dos debates manifesta a angústia dos impasses e as buscas por soluções[6].

O DILEMA: AS MUSAS OU AS MASSAS?

Ao fazer um mapeamento do periodismo cultural, Jorge Rivera (1995) propõe um comentário sobre a dicotomia que marca a trajetória do gênero, uma linha de fratura ainda em curso, porém, cada vez mais borrada em boa parte dos periódicos, a dizer, a elite e a massa.

---

6 Para ilustrar essa busca, cito, além dos debates que se verá a seguir, o primeiro parágrafo de um texto de Cecília Jucá, inaugurando a seção Bibliologia: "Numa ocasião em que a indústria gráfica no Brasil importa uma maquinaria altamente sofisticada para a execução de impressos, desde o prospecto publicitário até o livro de arte — extremos de complexidade estrutural — passando pela simples brochura ou pelo livro de qualidade, é necessário propor o conhecimento de uma série de princípios normativos, que possibilitam um melhor nível do produto gráfico e, consequentemente, podem contribuir para equacionar a nossa problemática editorial. Esta seção procurará incentivar, através de suas crônicas consecutivas, o aprimoramento da mão-de-obra global, que acompanha todo o processo de criação do impresso [...]" (JUCÁ, 1976, p. 42).

Continuidades Efêmeras

Un examen somero de la historia del 'periodismo cultural' remite invariablemente a los diversos términos y combinatorias de esta dicotomía, organizados por lo general de conformidad con dos grandes agrupamientos: un tipo de publicación se fijaba como objetivo la hegemonía de un modelo de cultura especializada, erudita y homogénea, destinada a un núcleo de conocedores más o menos calificados (lo que se llamó *cultura cultivada*, *cultura de elite*, *cultura alta* o *high culture*), en tanto que outro trabaja más bien sobre los patrones de la vulgarización, la heterogeneidad y la cultura general en su sentido más difuso[...].

[...] De manera convencional se agrupa a las publicaciones del primer campo como pertenecientes a un perfil de cultura minoritario y especializado, aunque no se trate necessariamente del perfil de la *high culture*, ya que por su origen pueden pertenecer indistintamente a este universo una revista académica dedicada a alguna rama de las humanidades o una publicación contracultural de vanguardia, si a ambas las califica la pertenencia a un campo o saber unitario, la circulación restringida y la destinación a un público *cognoscenti* (RIVERA, 1995, p.21-22).

Dessa dicotomia, tem-se, de um lado, uma posição de defesa de um saber exclusivista para um público selecionado e conhecedor, e, de outro, um vasto universo de consumidores de periódicos, folhetins, livros e obras de divulgação que "bastardeiam" mercantilmente os valores estéticos e conceituais do primeiro grupo. Entretanto, Rivera reconhece que, nas últimas décadas, está cada vez mais difícil distinguir o primeiro grupo,

[...] por lo menos con las viejas características de las revistas de elite, y com frecuencia resulta difícil advertir, en lo que respecta al segundo grupo, distinciones muy netas entre prensa general y prensa cultural de divulgación, en gran medida por la búsqueda constante de un estilo que declina la anotación demasiado erudita o el lenguaje excesivamente especializado (RIVERA, 1995, p.22-23).

A revista *José* explicita esta tensão entre ser uma revista de elite, voltada a um público muito específico, valendo-se de um jargão de circulação restrita, ou ensaiar uma outra alternativa, de ampliação do público leitor, mas sem abrir mão dos valores estéticos, nem se transformar em divulgadora dos lançamentos das grandes editoras. Necessita, entretanto, vender para seguir existindo.

Nos meados da década de 70, quando o mercado editorial cresce e se consolida, a proliferação das revistas literárias é evidente, marcando o que se chama de *"boom* editorial" — surgem *Almanaque* (SP, 1976-1982), *Escrita* (SP, 1975-1988), com várias interrupções, a *Inéditos* (MG, 1976-78), *Anima, Ficção* (1976-1979), dentre outras, concomitante à publicação de suplementos de jornais, como o *Folhetim* (1977-1989), da *Folha de S.Paulo* —, manifestando a emergência de formações críticas que invadiram o mercado naquele período, na esteira da gradual abertura política que a sociedade brasileira experimentava no Governo do General Geisel, ainda que o AI-5 continuasse em vigor. Esses periódicos também tinham concorrentes que atravessavam o período militar, seja como mantenedores de certas tradições literárias (como o caso da revista *Tempo Brasileiro*, cujo estandarte estava nas mãos de Eduardo Portella, ou da *Revista Vozes de Cultura*, na vertente católica, na qual se manifestavam as premissas da Teologia da Libertação), seja como periódicos de oposição ao governo e à censura, como o tablóide *Opinião*, que se extinguiu tão logo a censura afrouxou.

Heloísa Buarque de Hollanda (1979, p. 41) também trata do fenômeno, ao abordar a literatura dos anos 70:

> Referindo-se ao desempenho da literatura no ano de 75, Flavio Aguiar dizia no jornal *Movimento*: 'Ocorreu algo que há muito não se via: a literatura este ano foi assunto polêmico, tema de debates acirrados e concorridos. Ver para crer.' A avaliação é consensual. O novo escritor passa a ser considerado um bom negócio, antigos escritores são relançados com roupagens novas, há o conhecido surto de poesia. [...] As empresas editoras testam o alcance comercial de lançamentos bem programados do ponto de vista mercadológico. A forma curta e direta do conto se consolida. Por outro lado, conhece-se a proliferação de revistas literárias que respaldam e se alimentam da boa maré que a literatura experimenta nesse momento [...].

No entanto, a efemeridade marcou grande parte daquelas publicações surgidas no clima da descompressão, que se extinguiram depois de alguns números. O caso de *José* não difere muito da maioria das revistas surgidas nos meados dos 70, no que tange à subsistência no mercado: teve dez números publicados em dois anos, embora tenha surgido com a pretensão de ser mensal, periodicidade que se manteve até o sétimo número. Novas exigências técnicas e de mercado se impuseram e o periódico rendeu-se a outro dilema: fazer uma revista "elitista", publicando a "alta literatura", ou fazer uma revista de banca, para vender, sem necessariamente abrir mão da "qualidade".

Afinal, apesar de ser uma revista não institucional, a crítica acadêmica se fazia presente em *José*, o que se explica com a presença dos críticos, também professores, Luiz Costa Lima e Silviano Santiago, ambos da PUC-RJ, João Alexandre Barbosa (USP), Haroldo de Campos (PUC-SP) e Flora Süssekind (na época, aluna da PUC – RJ), para citar alguns. Da ponte com São Paulo, há ainda a vinculação com os membros do concretismo, que também compareceram às páginas da revista. A crítica especializada parecia dissonante com a premente necessidade de vendagem, determinante para a subsistência do periódico: daí o dilema que se manifestou na tensão de textos escritos num jargão acadêmico e de textos mais "acessíveis", visando a uma gama mais ampla de leitores. O editor de *José*, Gastão de Holanda, demonstra os números: "A venda da nossa revista é de 3 mil exemplares, hélas! A distribuição é de 5 mil!". Desses 3 mil, 1800 são vendidos no Rio de Janeiro[7]. No quarto número, com o início da publicação das cartas de Mário a Drummond, Gastão de Holanda acreditou que a edição seria um acontecimento da maior importância da literatura brasileira, aumentando a tiragem da revista para 8 mil exemplares, o que, como se viu, segundo Jorge Wanderley e Sebastião Uchoa Leite, foi um erro editorial, visto que o número de consumidores não aumentou.

 A imposição das leis de mercado, a necessidade de vendagem e as polêmicas internas parecem ter contribuído para que os integrantes do conselho de redação e colaboradores da revista promovessem um debate — "José no espelho" —, publicado no penúltimo número, discutindo a viabilidade e as possibilidades de uma revista literária naquele momento. É possível, assim, ler *José* como um "sintoma" das transformações que ocor-

---

7 Ferreira Gullar comenta os dados: "Num país de 110 milhões de habitantes é uma vergonha vender 3 mil exemplares no Rio de Janeiro (risos) em relação à população do Rio de Janeiro [...] Em relação ao país, então, é um troço assombroso" (HOLANDA, 1977, p.5).

rem no plano da cultura, mais especificamente no campo literário, no período.

O debate mencionado foi marcado por opiniões discordantes, manifestando a inexistência de um projeto comum ou de premissas convergentes no sentido de dar continuidade ao periódico. A intenção daquele encontro, segundo Gastão de Holanda, era justamente refletir sobre a existência de um lugar no mercado literário para uma revista como *José*, além de definir este lugar e a linha que se deveria adotar, o que, em última instância, é um questionamento sobre a existência, no mercado, de um lugar para esse tipo de literatura. Luiz Costa Lima, Sebastião Uchoa Leite, Jorge Wanderley e Gastão de Holanda expuseram os problemas vistos de dentro da revista, como membros do conselho editorial, enquanto Ferreira Gullar, Silviano Santiago e Geraldo Carneiro enxergavam a revista de fora. O que se viu foi muita controvérsia. Veja-se algumas delas.

Ao diagnosticar o dilema de *José*, Jorge Wanderley afirma que o problema da revista se resume no confronto de uma oposição binária:

> Então, a coisa oscila entre dois pólos: o pólo vendagem e o pólo afirmação literária em si. Se a gente vai encarar a coisa no ponto de vista da vendagem vai cair para um nível de jornalismo, para um nível de publicação mensal e de bancas. Se a gente procurar um outro foco, que seria uma discussão do literário em si, a gente cai na idéia de uma revista não-de-jornalismo, não-de-bancas, não-mensal. Portanto, mais densa, mais cuidada, mais devagar (WANDERLEY, 1977, p.5).

Sobre esta oposição binária que Wanderley enxerga no periódico, talvez seja pertinente contrapor duas edições de *José*, que são tematizadas naquele debate: a primeira é o quarto número, cuja capa anunciava a publicação das cartas de Mário a Drummond, documento que parece visar a um público interessado em literatura; a outra se referia à oitava edição, que estampou na capa o desenho de Candeia, cuja entrevista figurava como carro-chefe daquele número. Enquanto a primeira se refere a escritores consagrados, demonstrando critérios de valor, a segunda pode ser lida como a pedra no sapato de *José*, visto que é acusada de populista, ao veicular um expoente da cultura popular. O editor do periódico se defende:

> Vocês acham que a entrevista de Candeia que está sendo tão citada como uma matéria populista, antropológica e socialmente ela não tem importância? Você acha que o público daquela entrevista é só público das escolas de samba? Nunca. Na minha opinião o público da entrevista de Candeia é o público da antropologia e da sociologia...e de Candeia! Agora, a figura do Candeia é uma figura que imediatamente atrai o aspecto populista. Botamos Candeia na capa [...] (HOLANDA, 1977, p. 9).

Se a capa que trata das cartas de Mário é pertinente a uma revista literária, a segunda desloca o eixo de interesses ampliando para o contexto cultural, ao mesmo tempo que parece provocar um mal-estar dentre os integrantes do conselho editorial do próprio periódico, ao atingir o "público de Candeia". Quer dizer, atingir o interesse de sociólogos e antropólogos, tudo bem, mas o público das escolas de samba... Este é um dos pontos nodais da revista, a busca de um público leitor que não seja, por um lado, nem tão elitista e especializado, e, por outro, nem tão massificado. Nesse sentido, Jorge Wanderley reafirma um posicionamento de defesa de um critério de literariedade para *José*.

[...] se é uma revista literária, tem que ser mais exclusivamente e mais especificamente literária. Eu acho isso sempre e sempre achei, e, inclusive, fui muito contra os artigos até de arquitetura e das artes plásticas, quando surgiram e vi que *eles não vendiam para o público literário leitor da revista*. Principalmente com os artigos de arquitetura (WANDERLEY, 1977, p.5; grifo meu).[8]

Enquanto Jorge Wanderley critica o ecletismo temático do periódico, Ferreira Gullar expõe sua perspectiva, tratando de outro ecletismo que o incomoda em *José*:

> Então, um ponto que eu queria explicar com relação ao que eu disse antes, quando eu falei do ecletismo da revista, é um pouco, não no sentido de misturar artes plásticas com literatura, é no sentido dos artigos de difícil leitura; quer dizer, para um leitor já especializado; e ao mesmo tempo uma outra matéria de caráter populista. Então é uma mistura que pode existir numa revista mais ampla, quando o seu espírito é esse. Agora, de repente, inesperadamente surgirem as matérias mais diferentes, isso é que eu acho que não ajuda muito (GULLAR, 1977, p.9).

Duas alternativas são propostas por Ferreira Gullar: ou a revista publica artigos que se utilizam do jargão acadêmico, restringindo o público leitor ao se voltar para o especialista, ou

---

[8] Ferreira Gullar também comenta sobre o público leitor: "Se a revista, no início, não visava um certo público, inclusive o público, suponhamos, que comprou a revista por causa da mesa-redonda sobre a antologia da Heloisa Buarque de Hollanda e, depois, esse público se modificou, porque inclusive a revista também se modificou. Então foi um outro público que começou a comprar a revista, enquanto aquele primeiro público foi desprezado" (GULLAR, 1977, p.10).

opta por textos mais "acessíveis", abrangendo o público ledor de literatura, ou seja, "o cara que compra os livros na livraria, leva pra casa e gosta de ler"[9]. Sobre o assunto, Luiz Costa Lima(1976, p.14) diverge, afirmando a inexistência no Brasil de um público específico para literatura. Resultado disso: "inexistem revistas especializadas, o pessoal confunde um texto mais especializado com um texto acadêmico; em terceiro lugar, é a diferença entre revista e livro que no Brasil praticamente não se pode fazer."[10]

A idéia de Costa Lima parece ser justamente a de fazer uma revista ensaística sobre literatura, que não encontra eco nas demais proposições. Os impasses suscitam questões: como delimitar o conceito de literário? Como fazer uma revista de vanguarda, quando esta já não é mais possível? Como resistir, mantendo a distinção da "boa" literatura, e não se render ao mercado? Como legislar num mundo em que os valores são questionáveis?

Ainda sobre a polêmica que diz respeito à definição do público leitor de *José*, Silviano Santiago objeta:

> Um outro ponto que eu queria levantar é o do problema jornalístico. Eu acho que realmente *José* não pode fazer concorrência a jornal. [...] o exemplo de uma revista que tá tentando fazer concorrência a jornal é *Escrita*, e eu acho que é exatamente o lado fraco de *Escrita*, que entrou numa de consumismo que me incomoda um pouco; uma ênfase muito grande na seção de cartas.

---

9 Ibidem, p.11.

10 Pode-se dizer que esse embate retoma a polêmica dos anos 50, entre a crítica acadêmica e a crítica jornalística.

Agora eu acho que *José* não precisa entrar nessa faixa. Quer dizer, a pergunta que eu faria é [...] qual seria o público da revista? Eu tampouco acho que deve ser o público universitário, se por universitário entendemos as pessoas que estão interessadas na discussão de idéias e que têm um nível universitário [...] (SANTIAGO apud HOLANDA, 1977, p.15).

Enquanto a primeira fase da revista paulista *Escrita* (1975-1977), coordenada por Wladyr Nader, parecia promover uma reserva de mercado aos escritores nacionais, com um espaço destinado à literatura latino-americana[11], concomitante à premissa de se constituir como uma alternativa para um público mais amplo (visto que é da contribuição de muitos, e daí a promoção dos concursos, que poderia ser apontada uma saída de qualidade), *José* rejeita tal pauta, ao mesmo tempo em que não se pretendia acadêmica, rótulo que coloca na concorrente uspiana *Almanaque*.

Escrita, naquele período, era mensal, vendida em bancas e chegou a alcançar a tiragem de 15.000 exemplares. Enxergava na televisão uma ameaça aos livros e defendia a democratização da "escrita"[12], publicando (na revista e na editora de Wladyr Nader) um grande número de "novos" escritores, provenientes do Oiapoque ao Chuí, sendo que poucos foram os nomes que constituíram uma trajetória a partir dali. Noutra perspectiva,

---

11 Espaço exíguo no que concerne às publicações de autores latino-americanos nesta fase da revista *Escrita*, mas que se amplia mais adiante. Ver, a este propósito, o texto de Nilcéia Valdati (1997).

12 A revista afirmava ser, em seu primeiro editorial, "uma alternativa para os descontentes com a enxurrada de informações, nem sempre corretas ou bem depuradas, que chegam através dos outros meios de comunicação" (NADER, 1975, p. 3).

Almanaque[13] foi o espaço da crítica literária e filosófica, que empregou o jargão acadêmico e adicionou boas pitadas de ironia direcionada aos pares. Com dois a três números anuais, uma tiragem média de 3.000 exemplares, a revista foi vendida em livrarias e universidades, e tinha como antagonista declarado o estruturalismo[14], em voga na crítica universitária carioca do período. Abro um parênteses aqui para situar a inserção crítica da PUC do Rio na década de 70, a partir do comentário de Italo Moriconi (1996, p. 15-16), que menciona, como contraposição, a atuação da geração de críticos da USP nos 70:

> As ciências sociais imperavam ali [USP] como desdobramento de uma história institucional que envolveu sempre o compromisso da universidade com uma consciência de elite de mando, uma 'consciência nacional', consciência *do* nacional. Enquanto isso, na PUC do Rio, as individualidades soltas de Affonso [Romano de Sant'Anna], Luiz [Costa Lima] e Silviano [Santiago] tiveram que se alimentar do contexto cultural e literário extra-universitário para estabelecer seus referenciais de diálogo com a realidade circundante. Sua formação descentrada refletia-se nos cursos de orientação teórica cosmopolita.

José não queria ser confundida com a *Escrita*, que seria, aos seus olhos, uma revista que se rendia ao mercado, publican-

---

13 *Almanaque – cadernos de literatura e ensaio* (1976-82) enfrenta problemas similares aos de *José* (TELLES, 1999).

14 Nessa chave, menciono a publicação, por exemplo, de "O exorcismo", de Carlos Drummond de Andrade, poema que ironiza o jargão estruturalista, que instrumentalizava uma vertente da crítica brasileira (LEITE e AGUIAR, 1977, p. 102-106).

do os "novos" sem critérios consistentes, todavia também não almejava ser *Almanaque*, revista que se pautava em critérios de valor, mas que se destinava aos pares, visto se tratar de uma revista assumidamente acadêmica, com ensaios que aprofundavam questões teóricas, dirigindo-se a um público especializado. A revista carioca não queria ser isto nem aquilo, e acabava se esgotando no próprio dilema — E agora, José? Entre a "ditadura da diluição" promovida pela indústria cultural e o elitismo e a especialização das revistas acadêmicas, *José* se instalou no impasse, num espaço de indefinição sobre que perfil adotar. Diante dos diversos posicionamentos não convergentes que os participantes do debate expuseram, Ferreira Gullar conclui, perplexo com as vozes dissonantes:

> [...] a revista *José* foi um grupo de pessoas que, como disse o Luiz [Costa Lima], são amigas, mas não são convergentes sob o ponto de vista de idéias e que se reuniram para fazer uma revista. [...] Pois bem, não me parece que tenha sido também pelo que se deduz da posição colocada pelo Sebastião [Uchoa Leite], que a revista *José* tivesse o propósito de ser uma revista de grande circulação. Ele já disse que quem quiser fazer uma revista pra vender que não chame ele. [...] é um contra-senso fazer uma revista que não é de vanguarda, que não é proselitista e tal e que ao mesmo tempo *não quer vender* (GULLAR, 1977, p.15).

Poderia-se refletir sobre o significado desse "não querer vender", na medida em que traz embutida a idéia de que o que é feito para vender não presta. Ou ainda, para ser uma revista de qualidade teria que, necessariamente, ser dirigida a um público restrito, e aí está implícito o conceito de elitismo. O próprio Sebastião (1976, p.16) afirma, ainda no debate, que "o falso e o fácil é que dominam o mercado".

Sublinho, a seguir, a perspectiva do intelectual modernista no que concerne à sua relação com o mercado, a fim de verificar as mudanças de posições, o que pode iluminar a leitura do impasse da revista. O crítico Silviano Santiago (1983, p. 27) possui uma acurada visão sobre o posicionamento elitista dos modernistas face ao mercado e auto-suficiente face ao leitor:

> Para se tocar no problema do elitismo, é preciso antes lembrar que o escritor modernista não chega a ser um profissional da palavra, e como tal não vive de rendimentos auferidos na venda dos livros que produz e os editores comerciam. Encostado nas conveniências de um emprego público, o poeta e o romancista modernistas pouco tinham a ver com as leis do mercado, julgando-as grosseiras e pouco condizentes com as regras de consumo que requer para o seu produto. Além do mais, dá as costas a uma escrita mais cativante ou sedutora para o leitor. [...] [...]se hoje destacamos a prosa de Mário de Andrade (*Macunaíma*) e de Oswald de Andrade (*Miramar* e *Serafim*) como das mais contundentes e representativas da modernidade entre nós, temos de reconhecer que essa prosa ficou negligenciada a terceiro ou quinto plano durante mais de quarenta anos.

Ou seja, enquanto o intelectual modernista não se pauta pela demanda de mercado, mas, sim, por um projeto estético, em fins da década de 70 esta premissa é questionada, se não posta em xeque, sobretudo porque é da inserção no mercado de bens culturais que se abre a possibilidade de manutenção da revista. Pode-se pensar, a partir daí, o dilema do intelectual brasileiro, visto que este impasse se manifesta também em outros periódicos[15], frente às relações com o *mass media*. Se, por um

---

15 Como é o caso de *Escrita* e *Almanaque*, para citar alguns.

lado, ensaiam-se os primeiros passos em relação à liberdade de expressão, não se pode deixar de levar em conta os imperativos de ordem econômica, que dá margem a outro tipo de tensão, a necessidade de conquistar a fidelidade de um público consumidor. É dessa forma que as relações com o mercado[16] (obviamente circunscrito no campo cultural) se constituem como uma problemática em *José*. Apesar de reunir críticos emergentes de porte (para ilustrar, cito Luiz Costa Lima, Sebastião Uchoa Leite e Heloísa Buarque de Hollanda) e poetas que começam a se beneficiar de certo reconhecimento (como, por exemplo, Armando Freitas Filho), *José* parece entrar em crise com o próprio embaralhamento das linhagens que promove (ao abrigar os "marginais", o concretismo, o modernismo e outras). No entanto, é curioso observar a escassez de material sobre o estruturalismo no periódico, considerando-se a presença de um dos expoentes dessa vertente no Brasil, Luiz Costa Lima, alvo de um bombardeamento de críticas no período[17].

16 A discussão sobre o relacionamento entre produção cultural e mercado é tardia no Brasil. O sociólogo Renato Ortiz apresenta uma leitura pertinente a propósito da trajetória deste debate, ao tratar da "moderna tradição brasileira", detectando o relativo silêncio sobre a existência de uma "cultura de massa" no país, sendo que somente na década de 70 surgem os primeiros estudos acadêmicos que tratam dos meios de comunicação de massa, tendo como suporte teórico os escritos frankfurtianos (ORTIZ, 1988).

17 Um dos estopins dessa polêmica em torno do estruturalismo ou "polêmica da teoria", foi o texto "Quem tem medo da teoria?", publicado por Costa Lima no *Opinião* (n.159, de 21/11/75), que teve como ofensivas respostas os artigos de Carlos Nelson Coutinho ("Há alguma teoria com medo da prática?") e Cacaso ("Bota na conta do Galileu, se ele não pagar nem eu"), publicados no número seguinte, além do arremate de Ana Cristina Cesar, com "Os professores contra a parede" (12/12/75). Italo Moriconi descreve o cenário da PUC nos efervescentes anos 70 e afirma que Costa Lima, ao se ver na defensiva, frente à polêmica manifestação do "abaixo a teoria", porém, "acre-

A revista pode ser lida a partir dos dilemas que explicita (entre a alta literatura e a cultura de massa; entre o elitismo e o populismo), desdobrando-se em tensões que permeiam os textos e ilustram o impasse agônico da transição pelas passagens da modernidade. Sobre o problema da indefinição da revista, o comentário de Jorge Wanderley em "José no espelho" é sintomático, ao tratar de uma certa divisão em *José*:

> Na época em que a gente estava no terceiro ou quarto — famosíssimas entre nós. E eu disse que pro Gastão a revista deveria ser um novo PASQUIM, pra Luiz Costa Lima uma revista de ensaios literários, pra Sebastião uma revista de vanguarda experimentalista e pra mim não sei exatamente o quê, talvez tudo isto ao mesmo tempo (WANDERLEY, 1977, p.2).

O debate é polêmico justamente por causa dos confrontos entre diferentes perspectivas do que cada um entende pelo que deveria ser a revista *José*. O que seria um encontro para definir uma linha editorial, o público alvo, visando uma reformulação do periódico, acaba funcionando como uma reflexão sobre os impasses do periodismo dos fins dos 70, como bem percebeu Luiz Costa Lima (1976, p. 13):

---

ditando contudo estar afinado com o que havia de mais avançado em matéria de reflexão teórica e literária no plano interdisciplinar" e liderando "uma base diminuta mas aguerrida de adeptos, assumia posições contundentes e um discurso hegemônico. Embora ele mesmo não desse a menor importância para o trabalho da maioria dos praticantes do estruturalismo na faculdade de Letras da UFRJ, havia a impressão generalizada que lá essa corrente teórica era efetivamente majoritária. Desse modo, no âmbito acadêmico, tanto na Gávea quanto na Avenida Chile, a aglutinação das forças anti-estruturalistas representava-se a si própria como resistência a uma hegemonia. E Costa Lima tornou-se figura simbólica de tal hegemonia" (MORICONI, 1996, p.57-58).

A função que esse balanço vai ter será muito mais para servir como uma espécie de depoimento, independentemente do que a gente tá querendo, até, sobre os dilemas das pessoas que são a gente e que estão interessadas em literatura, dos dilemas que essas pessoas têm, mesmo sem terem consciência disto.

Assim, uma das conclusões sobre a revista que fica muito evidente no encontro é o reconhecimento da impossibilidade de definir *José* como um "grupo".

O que me parece é que se a revista se recusa a ser porta-voz de um grupo e ela mesma não é um grupo, inevitavelmente ela não teria adversários nesse sentido. Acho que essa é a primeira coisa importante como sintoma, como balanço, como sintoma da situação brasileira intelectual hoje (LIMA, 1976, p.13).

No início do debate, o poeta Geraldo Carneiro postulava uma tomada de posição, afirmando que o problema estava na incômoda indefinição ideológica de *José*, acusando-a de promover o diletantismo em seus textos. Certamente, a indefinição de um adversário literário só fez acirrar a crise de *José*, assim como a dificuldade de definir seu interlocutor, os critérios no processo seletivo de publicação dos textos ou a inexistência de um projeto com uma determinada orientação que declaradamente norteasse a publicação. Talvez aí também resida o ponto mais alto do periódico, no sentido em que expõe, sobretudo nos debates, a crise dos valores que testemunha, promovendo uma interessante reflexão sobre os rumos da literatura e da crítica a partir daquele momento. Abandonar a literatura realista e militante dos anos 70, abrir espaço para a publicação de traduções[18] (de autores como Lewis Carroll, Arnaud Daniel, Wallace Stevens, Gustave Flaubert, dentre outros), propor novos caminhos para a crítica, no sentido de abandonar o maniqueísmo[19] são algumas brechas que se abrem justamente a partir da crise que expõe. Questionamentos sobre o abandono, ou não, das premissas do modernismo são constantes retomadas na trajetória do periódico. Sintomaticamente, aquele encontro que definiria uma reformulação da revista parece esboçar o fim de *José*, em função da mesma pluralidade que a viabilizou, dois anos antes.

O POEMA EM *JOSÉ* -
POESIA MARGINAL: DE VILÃ A FILÃO

Ainda nesse encontro que tentava definir os rumos que *José* deveria tomar, Luiza Lobo (apud HOLANDA, 1977, p.7)considera que a revista teria de "abrir mais as portas pra linguagem nova", retomando em seu comentário uma polêmica que já havia sido o mote de outro debate (LIMA; et al 1976, p. 2-9), publicado no segundo número. Veicular o "novo" pressupunha a existência de uma nova linguagem, e Jorge Wanderley (1977, p.12) afirma enxergar no debate sobre a "poesia marginal" um passo nessa direção: "Há uma proposta nova de uma linguagem do coloquial, e tendendo para uma dicção poética do

---

18 No tocante às traduções publicadas em *José*, registra-se que 7,1% eram textos traduzidos, sendo que, na maior parte dos casos (78%), eram poemas. Do total de poemas publicados, 15,4% se refeririam a traduções, que geralmente abriam ou encerravam a seção Poesia. Publicava-se uma nota biográfica sobre o escritor, acompanhando o poema, que aparecia na língua de origem e em português, permitindo o cotejo das versões.

19 A este propósito, será visto, mais adiante, o texto "O sistema intelectual brasileiro", de Luiz Costa Lima (1976).

'desarmado', que não tá nem conscientizada, nem verbalizada, nem tá promovida como a dos concretos, mas que é uma proposta nova."[20] Porém, as discordâncias se manifestam, inclusive no que diz respeito à promoção do "Debate: Poesia hoje". Sebastião Uchoa Leite critica, explicitando seus argumentos.

> [A revista] Tentou no início suscitar um certo debate — como aquele da antologia da Heloisa — mas, mesmo assim, acho que não foi suficientemente aberto. Ficou uma coisa muito limitada a certo objeto no mercado. Certo, ele existia, então tinha de ser discutido, mas somente ele, por quê? Quer dizer, há outras coisas, há pessoas tentando fazer outras coisas. Então por que se centrar só naquele determinado objeto? Quando houve a proposta para aquela reunião, uma das minhas primeiras coisas que fiz foi perguntar por que somente sobre o livro da Heloisa, e não abrir o leque para outras coisas, chamar outras pessoas. Isso, eu disse, vai interessar especialmente ao editor da antologia. Ele vai ficar muito satisfeito de se estar fazendo propaganda grátis do livro [...] (LEITE, 1976, p.3).

Apesar da opinião de Sebastião Uchoa Leite, o debate foi publicado e suscitou algumas questões extremamente pertinentes para refletir sobre a própria revista, no sentido de que, também naquele encontro, entram em pauta discussões sobre os

---

20 Silviano Santiago retruca: "Ó Jorge, tome cuidado! Porque se você começa com uma determinada definição, sabe, de que existe uma geração, de que existe inclusive uma tentativa de conceituá-la, que ela merece o nosso apoio, eu acho que a revista JOSÉ, de repente, pode virar uma revista do tipo INVENÇÃO ou tipo PRÁXIS INSTAURAÇÃO PRÁXIS não é assim que se chamava? — etc... e todas essas revistas que são um pouco, sabe, baseadas em programas estéticos ou programas literários."

critérios de valor e novamente a dificuldade de se encontrar um denominador comum, desta vez para rotular uma fatia da produção poética do período. Diante da complexidade de se estabelecerem preceitos que unissem o grupo dos chamados "poetas marginais" — reunido na comemorada antologia *26 poetas hoje*, compilada por Heloísa Buarque de Hollanda, em 1976 —, *José* chama seu conselho editorial, representado por Luiz Costa Lima, Jorge Wanderley e Sebastião Uchoa Leite, a organizadora do livro e três poetas que colaboraram na antologia para discutirem as premissas da publicação, compilação de uma fatia da "nova poesia brasileira" na vigorosa década de 70. Numa revista cujo conceito de literário prioriza justamente a poesia[21], o debate se constitui como um espaço para o questionamento sobre os rumos e as possibilidades da poesia num momento em que se expõe a inviabilidade da idéia de vanguarda. Obviamente, há resistências.

Viu-se que Carpeaux, ao tratar da produção literária do período, aborda a inexistência de correntes ou movimentos literários, sem reconhecer nos "marginais" ou em alguma outra vertente uma unicidade em termos de grupo. No debate, também nessa perspectiva aparecem, no que concerne à poesia "marginal", Luiz Costa Lima, Sebastião Uchoa Leite e Geraldo Carneiro, que não enxergam uma proposta estética comum, mas há os que defendam a existência de traços que marcam aquela produção, como a compiladora e Ana Cristina Cesar.

Heloísa Buarque de Hollanda se refere, na introdução da antologia e também no debate, a uma retomada de 22, por

---

21 Além do nome do periódico ser uma referência poética, vale acrescentar que grande parte dos ensaios e resenhas se detêm na produção poética. Ademais, do total de textos publicados em *José*, já se observou o amplo espaço destinado aos poemas. Ver no Volume II o índice de vocabulário controlado.

parte dos "marginais", no sentido de recuperar a oralidade dos modernistas. Sebastião Uchoa Leite comenta o que percebe como diferença:

> Acho que essa retomada é relativa, pois me parece que a distinção é que a poesia de Oswald, de Drummond e de um certo Bandeira de 'Libertinagem' é uma poesia voltada para o coloquial mas com um sentido de objetividade muito forte enquanto que nesta, a do grupo de vocês é a tônica da subjetividade que é forte (LEITE, 1976, p.4).[22]

Nas problematizações sobre a delimitação dos traços ou das transpirações dessa "nova" poesia, arriscam-se alguns palpites, sugeridos por Ana Cristina Cesar, Heloísa Buarque de Hollanda e Sebastião Uchoa Leite: a intenção de "matar" Cabral, o afunilamento de caminhos entre poesia e vida, a busca de um certo evasionismo, a influência da poesia *beat*, o deboche do literário, o antiformalismo, o anti-elitismo. Assim, várias são as premissas apontadas na tentativa de se encontrar o ponto comum que une a antologia; no entanto, nenhuma delas parece se sustentar ou ser, por unanimidade entre os debatedores, a resposta conciliadora.

Ana Cristina Cesar, por exemplo, insiste na questão do traço "anticabralino" como critério de "marginalidade", pautando-se na consideração de Heloísa ao rotular Cabral e Drummond como "linguagem classicizante".

---

22 Italo Moriconi, tratando de poesia, também detecta uma similaridade entre o clima estético dos anos 70 e do modernismo dos anos 20, ao abordar a necessidade, nesses dois momentos, de se assumir atitudes e temas que negassem ou desconsiderassem o sublime poético. "Momentos dessublimadores, culturalmente revolucionários" (MORICONI, 1996, p.8).

Enquanto isso, Luiz Costa Lima afirma que uma grande parte dos autores da Antologia sustenta uma espécie de ojeriza a qualquer reflexão crítica e questiona se a falta de programa não implicaria uma ausência de crítica. Afirmação imediatamente contestada por Ana Cristina Cesar, enquanto Heloísa consente a proposição de Costa Lima em termos, ou seja, reconhece esta ojeriza nos "novissíssimos", por conta de uma "posição anarquista". Novamente, a definição não serve ao conjunto dos poetas, mas apenas a uma fatia.

Outra explicação é mencionada pela compiladora, ao justificar que o termo marginal vem atrelado à "condição alternativa", com independência do movimento editorial, argumentando, nesse sentido, que a antologia era uma espécie de marginalidade em termos de mercado, criando uma imprensa alternativa em relação ao *establishment*. É Luiz Costa Lima quem problematiza tal critério, ao alertar para o risco de, seguindo tal raciocínio, tomar como *establishment* uma série de poetas pelo simples fato de serem editados pela José Olympio ou outras editoras prestigiosas. A pergunta que se coloca é: continuariam sendo "marginais" os poetas publicados em *26 poetas hoje*, após o sucesso editorial? Sebastião Uchoa Leite também questiona o critério levantado por Heloísa e seguem outros comentários pertinentes ao impasse:

> **Sebastião** — Acho inteiramente natural que poetas que vêm desenvolvendo uma obra com êxito e repercussão sejam absorvidos pelo mercado tradicional. Então a alternativa que hoje se coloca é provisória.
>
> **Jorge** — Isso bate em cima do que foi dito por Luiz no primeiro número de JOSÉ, quando caracteriza o fato de que no Brasil os autores começam por uma linha de protesto até serem absorvidos pela tradição e até serem substituídos pela geração seguinte.

Luiz — Pois é, por isso é que acho que *essa proposta em vez de revolucionária é o que há de mais tradicional na literatura brasileira.*

Geraldo — É, mas a partir do momento em que os autores começam a ser assumidos, é natural que as vanguardas estabeleçam um certo antagonismo.

Cristina — Mas aqui no caso, *nestes novos textos, não foi estabelecido este antagonismo.* É diferente do concretismo. A poesia de Francisco Alvim, por exemplo, recupera Drummond o tempo todo. Antônio Carlos de Brito recupera Murilo Mendes o tempo todo. O traço comum que parece 'pintar' é o traço anticabralino [...] (LIMA, 1976, p.15).

No comentário citado, Jorge Wanderley se refere à estratégia observada por Luiz Costa Lima ao analisar o "sistema intelectual brasileiro", pelo fato de que "cada geração literária que passa entre nós parece lançar um mesmo grito de renovação"[23], repetindo lances anteriores sem o conhecimento da atuação das gerações precedentes. É nesse sentido que Luiz Costa Lima afirma enxergar, na proposta da "poesia marginal", ao invés de uma retomada, uma recaída, no lugar de uma atitude revolucionária, o que há de mais tradicional. Enquanto isso, Geraldo Carneiro ainda faz questão de perceber na "tomada de posição" uma atitude vanguardista de estabelecer o antagonista. O problema, e aí entra em cena novamente o dilema da revista, se situa na dificuldade de localizar o adversário. O próprio Geraldo Carneiro (1976, p.5), ao tratar da Antologia, reconhecia: "a gente está falando aqui de uma generalidade que não existe". Ora, se não há o reconhecimento de uma proposta em torno de proce-

---

23 Mais adiante abordo este texto mais detalhadamente.

dimentos estéticos comuns, fica difícil estabelecer algum antagonista. Ana Cristina Cesar também reconhece que "não foi estabelecido este antagonismo", apesar de perceber como traço comum o "anticabralino".

Perante as ambigüidades e os equívocos da expressão que reúne uma diferenciada produção, os debatedores têm dificuldades em discernir critérios que dêem conta daquele conjunto de poetas. Ao agrupar uma produção desigual, a questão da qualidade também suscita polêmicas.

> **Jorge** — Você [Heloisa] tocou também, logo no começo, no problema da qualidade dos poemas. Realmente, na Antologia, há coisas boas, algumas muito boas, e algumas abaixo da crítica.
> **Cristina** — Discordo. Não há coisas abaixo da crítica, não.
> **Heloisa** — Há coisas de que eu também não gosto, sim.
> **Sebastião** — Alguns poemas da Antologia eu já conhecia, mas a maior parte deles, não. Alguns textos me agradam, outros eu não consigo aceitar, acho que com base na minha própria formação poética [...] (CARNEIRO, 1976, p.9).

Vê-se que a dificuldade enfrentada para tentar definir os critérios da Antologia, é a mesma quando se aborda o problema da qualidade do material poético. A compiladora se esquiva de um veredito: "Falta tempo para *julgar*, essas 'respostas poéticas' estão muito em cima dos fatos, muito próximas, são forçosamente difíceis de serem classificadas" (HOLLANDA, 1979, p.9). Quando se chega ao problema da qualidade, questiona-se a dificuldade de se estabelecerem os parâmetros do valor literário. Nessa questão, entra em jogo o que também foi levantado no debate sobre a revista, o dilema entre critério de edição dos textos e critério de vendagem. A este propósito, em "José no espelho", Luiz Costa Lima sublinha a importância de se desconfiar dos próprios critérios de qualidade: "À medida que a gente está lidando com um campo — literatura, que não é feito química que você não pode discutir, quer dizer, se essa fórmula dá aquilo você vai a um laboratório e verifica, deveria desconfiar sempre do próprio critério de qualidade" (LIMA, 1977, p.17).

Heloísa aparece no debate sobre poesia com esse olhar desconfiado dos próprios critérios, lendo a Antologia como "retrato de geração", ainda que, como afirmou Jorge Wanderley (1976, p.5), retrate apenas "uma ilha de um amplo arquipélago da poesia jovem e atual" e que, aliás, "deu muito certo, comercialmente". O comentário é ambíguo numa revista como *José*, visto que muito se problematizou essa questão, atrelando, na maior parte das vezes, a idéia de "vender" com o fato de não ser um "bom" produto. É nítido o desconforto de algumas presenças no livro para os debatedores, revelando na Antologia uma produção multiforme. Constata-se, assim, que *26 poetas hoje* foi, além de um sucesso editorial, uma polêmica questão para que *José* pudesse refletir sobre a poesia dos fins da década de 70, esboçando, em seu auto-retrato, os impasses que a atravessam: quem é o antagonista? Quais são os critérios de valor?

Eleger o que vai ser publicado, eis uma questão que está sempre em evidência para o conselho editorial da revista, que freqüentemente seleciona e escolhe o material a ser editado. Sobre os poetas eleitos para figurar nas páginas de *José*, lembro que, apesar da referência constante aos modernistas, somente alguns poemas[24] de Drummond figuraram na revista. Gastão de

---

[24] No primeiro número, foram publicados os seguintes poemas: Esta faca; Tenho saudades de uma dama; Sob o chuveiro amar; e, no número 5/6, Os cantores inúteis; Rifoneiro divino.

Holanda, Sebastião Uchoa Leite, Régis Bonvicino, Jorge Wanderley e Lélia Coelho Frota eram os que ocupavam os postos de poetas mais recorrentes[25], enquanto os concretos marcaram sua inserção no periódico sobretudo como críticos. Dos poetas que publicaram na antologia *26 poetas hoje*, freqüentaram a revista Ana Cristina Cesar e Geraldo Carneiro.

Para finalizar essa abordagem, parece-me propício tratar do "poema da fadiga" para abordar o impasse da poesia na revista. Tomo uma peça de escândalo, o poema "No meio do caminho"[26], de Drummond, que por sinal foi comentário de Mário (ANDRADE, 1976, p.43) numa das cartas publicadas em *José*, onde ele escreveu o seguinte: "O 'No meio do caminho' é formidável. É o mais forte exemplo que conheço, mais bem frisado, mais psicológico de cansaço intelectual." Cansaço intelectual que seria um dos propulsores de certas manifestações do lirismo que se seguiram à publicação do poema, segundo o próprio Mário de Andrade, em texto[27] publicado *na Revista do Brasil* em 1924. Ou seja, para o escritor paulista, a inovação modernista seria tributária, ainda que parcialmente, do cansaço intelectual produzido pelo *déjà vu*, ou ainda, pelo tédio da monotonia. A

---

25 Seguidos de VEIGA, Elisabeth; ANDRADE, Carlos Drummond de; SAVARY, Olga; CARNEIRO, Geraldo; CARDOZO, Joaquim.

26 O poema, que já figura na carta enviada a Mário (ou seja, escrito em 1924, como denuncia a correspondência) foi publicado alguns anos mais tarde, em 1928, na *Revista de Antropofagia*, de Oswald, suscitando um dos últimos escândalos da fase heróica do movimento modernista. Em 1930, é um dos 49 poemas que integram o livro *Alguma Poesia*, de Drummond . A carta mencionada é a segunda correspondência enviada, na qual não consta a data. O poema em questão ainda não havia sido publicado, de acordo com o comentário do próprio Mário: "Mas quero que eles [os versos de Drummond] voltem pra mim. Preciso dêles em minha casa enquanto não se publicam"(ANDRADE, 1976, p.43).

27 Trata-se do ensaio "Da fadiga intelectual". In: *Revista do Brasil*, VI, 1924.

pedra no meio do caminho ilustra com precisão o sintoma do cansaço:

> No meio do caminho tinha uma pedra
> tinha uma pedra no meio do caminho
> tinha uma pedra
> no meio do caminho tinha uma pedra.

Neste caminho, há algo que parece resistir a qualquer metabolização, algo que permanece, seja como lembrança –

> Nunca me esquecerei desse acontecimento
> na vida de minhas retinas tão fatigadas.
> Nunca me esquecerei que no meio do caminho
> tinha uma pedra
> tinha uma pedra no meio do caminho
> no meio do caminho tinha uma pedra.

– seja como eco impassível de ser transformado em outro significante ("no meio do caminho tinha uma pedra"), como uma potência que se eleva ao infinito. Talvez possa-se ler aí uma chave da própria *José*, cujo caroço, a pedra no meio do caminho, é o modernismo, que se transforma numa condenação: a revista permanece estática, atrelada aos paradigmas e valores modernistas, ou com tímidos movimentos, diante do fantasma que a assombra.

O "SISTEMA INTELECTUAL BRASILEIRO" EM PAUTA

> Nós somos as Juvenilidades Auriverdes!
> As franjadas flâmulas das bananeiras,
> As esmeraldas das araras,
> Os rubis dos colibris,
> Os lirismos dos sabiás e das jandaias,
> Os abacaxis, as mangas, os cajus

Almejam localizar-se triunfantemente,
Na fremente celebração do Universal! [...]
(Andrade)

Outro texto que refletia a perspectiva agônica da revista, ao tentar buscar uma alternativa para os impasses que se colocavam, é o ensaio de Luiz Costa Lima (1976) publicado no número de lançamento do periódico, no qual o autor problematiza a existência parasitária da crítica brasileira, carente da capacidade de avaliação de nossa própria produção. Ou seja, a partir desse texto que aborda, fundamentalmente, os impasses da crítica, procuro estabelecer relações com outros textos publicados, observando as tensões e os diálogos que se efetuam. O caráter polêmico do texto de Costa Lima é indicado pela própria rubrica que aparece na revista: Debate. Precedido por um parênteses no qual se lê "Primeiras notas"[28], o texto expõe uma problemática e define um posicionamento.

O crítico sublinha uma certa descontinuidade ao ler a trajetória da literatura no Brasil, "onde cada geração parece falar uma outra linguagem a ponto de ignorar o que fez a geração precedente"[29], criando um círculo vicioso, utilizando as armas,

---

28 Este ensaio se desdobrará em uma outra versão, publicada no livro *Dispersa demanda: ensaios sobre literatura e teoria*, sob o título "Da existência precária: o sistema intelectual no Brasil" (1981, p. 3-29). Nesta última, Luiz Costa Lima (1978, p.3) adenda uma nota, em que explicita que o texto foi publicado nos *Cadernos de Opinião* (1978) "a presente versão não ultrapassa um puro nível descritivo. Desde que ele foi escrito, penso em desenvolvê-lo. Isso, entretanto, não só não foi feito, como não sei se poderá sê-lo. De qualquer modo, percebo duas frentes que necessitam de desenvolvimento: (a) como teoricamente se caracteriza a auditividade face às marcas das culturas escritas e oral. Como isso ainda não aparece com precisão neste ensaio, entenda-se que oralidade, escrituralidade e auditividade não se explicam como hábitos de elaboração intelectual; tipos ideais, podemos acrescentar, que nunca se mostram em estado de absoluta pureza." A segunda frente não é sequer citada.

29 Luiz Costa Lima (1976, p. 15), complementa: "Assim, entre mútua ignorância, breve beligerância e demorada conivência, os parceiros do jogo intelectual se impedem de trazer à sua atividade específica a qualidade de um talento que muitas vezes possuem." Como vimos no debate sobre poesia, esta questão persistia na revista.

primeiramente, para detonar a geração que antecede, sendo que, logo em seguida, sai atrás de uma "sombra promissora", a ponto de assumir o posto de guarda e defesa. Atribui este "estado de coisas", ou seja, a incapacidade de avaliar nossa produção, como efeito da situação de periferia e subdesenvolvimento do país, "lugar-comum no rol das lamentações", que apenas reafirma a posição de vítima. Costa Lima (1976, p. 15) chega a falar de uma "existência parasitária do sistema intelectual brasileiro"[30], incapacitado de avaliar a própria produção. Promove-se, então, o que o ensaísta chama de "macaqueação da crítica", imitando ou aplaudindo o que vem "de fora":

> Ainda neste século, é conhecida a importância de Blaise Cendrars para a valorização, por uma pintora de qualidade de Tarsila do Amaral, das cores pobres das casas do Brasil rural. Sempre andamos à cata de um foco já reconhecido externamente, na Europa ou nos Estados Unidos, que dê a nossos passos inseguros a segurança dos mestres. Assim nos pomos de acordo com a própria expectativa que o intelectual estrangeiro mantém a nosso respeito, julgando-nos como razoáveis repetidores do que ele já sabe ou fornecedores de matéria exótica (LIMA, 1976, p.15).

Luiz Costa Lima parece reescrever, sem fazer qualquer citação, o que Mário de Andrade (1976, p. 42)esboça numa das

---

30 O emprego da palavra "sistema" é explicado pelo próprio autor, ao tratar da repetição da ignorância com relação à geração literária precedente, que fomenta um "equilíbrio melancólico": "É claro que este ritual da impotência não poderia ser totalmente explicado como decorrência apenas de uma lei de sistema intelectual brasileiro. Se este sistema assim se define é por efeito de sua posição face a sistemas mais determinantes: desde logo, o político-econômico." O conceito de sistema nos remete à *Formação da literatura brasileira*, de Antonio Candido.

correspondências destinadas ao poeta mineiro, também publicada em *José*. O autor de *Macunaíma* sugere que

> [...] não existe essa oposição entre nacionalismo e universalismo. O que há é mau nacionalismo: o Brasil pros brasileiros — ou regionalismo exotico. Nacionalismo quer simplesmente dizer: ser nacional. O que mais simplesmente ainda significa: Ser. [...] O despaisamento provocado pela educação em livros estrangeiros, contaminação de costumes estrangeiros por causa da ingenita macaqueação que existe sempre nos seres primitivos, ainda, por causa da leitura demasiadamente pormenorizada não das obras-primas universais dum outro povo, mas das suas obras menores, particulares, nacionais, esse despaisamento é mais ou menos fatal, não há dúcaterva. [...] A paisagem é inculta dum modo geral, não há dúvida. Mas pra você ela é inculta em relação à Gare d'Orsay e aos bouquins que o snr. Anatole France escarafunchava nos cais horas a fio, pra depois arranjar-lhes a literatura. A mesma paisagem que a você desgosta deu-me horas de intensa felicidade.[31]

O posicionamento de Mário de Andrade sobre a identidade nacional é manifesto nesta carta, ao repudiar o tributo a Anatole France, traduzido na perspectiva de que o escritor dessas terras buscasse se espelhar no que se fazia na Europa. Anatole France era de nacionalidade francesa e é preciso dizer que é possível ler um posicionamento, caudatário de sua posição, que contagiou vários dos intelectuais brasileiros, aliás, descrito e questio-

---

[31] Mantenho a grafia utilizada por Mário de Andrade, a qual foi reproduzida pela revista.

Continuidades Efêmeras

nado por Mário nesta carta. Ao comentário de Drummond – "Devo imenso a Anatole France que me ensinou a duvidar, a sorrir e a não ser exigente com a vida." –, Mário (1976, p. 41) retruca: "Mas meu caro Drummond, pois você não vê que é esse todo o mal que aquela peste amaldiçoada fez a você! Anatole ainda ensinou outra coisa de que você se esqueceu: ensinou a gente a ter vergonha das atitudes francas, praticas, vitais". Se Drummond é grato a Anatole France, Mário de Andrade (1976, p.41), ainda nesta carta, o considera como

> [...] uma decadencia, é o fim duma civilização que morreu por lei fatal e histórica. [...] Tem tudo que é decadencia nele. Perfeição formal. Pessimismo diletante. Bondade fingida porque não é desprezo, desdém ou indiferença. Dúvida passiva porque não é aquela dúvida que engendra a curiosidade e a pesquisa, mas a que pergunta: será? irônica e cruza os braços. E o que não é menos pior: é literato puro.

Na mesma carta, Mário afirma que não concorda com o dilema drummondiano (nacionalismo ou universalismo?), e, sim, que o universalismo seria decorrente do "abrasileiramento do Brasil": "o nosso contingente tem de ser brasileiro".

As consonâncias das proposições desta carta com o ensaio de Luiz Costa Lima, cinqüenta anos mais tarde, são evidentes; ambas denunciam a atitude de "macaqueação" da crítica brasileira ao consagrar o que a européia ou norte-americana valoriza. Na mesma revista, o fato de os dois discursos – o das cartas e o de Costa Lima – terem espaço é sintomático de uma reafirmação de um posicionamento: o questionamento do dilema (nacionalismo ou universalismo), a urgência do desenvolvimento de um contingente brasileiro, do abandono da mímese por parte dos intelectuais e do descarte de vícios e julgamentos prévios da crítica.

Outra problemática mencionada por Costa Lima diz respeito à morosidade da crítica brasileira em se adaptar ao novo, sublinhando a especificidade de um sistema avesso às inovações como o nosso, o que dá margem a uma "tradição de impasses". Para agravar tal quadro, dois fatores são especificados: o público rarefeito e a maneira pela qual se deu o reconhecimento do intelectual entre nós, sobretudo através de escritos que se limitam à mediania fluente. A universidade pouco contribui para aumentar o número de leitores e os manuais são adotados pelos universitários como simplificação, e não como referências das obras, promovendo a pauperização da leitura. De seu lado, afirma Costa Lima (1976, p. 17), "o escritor se vê sujeito à missão de continuar a difundir as luzes — em baixa voltagem, por certo, pelo risco de provocar curtos-circuitos." E, sobretudo, através de uma "estória leve e atraente".

> Daí que, quando o agente intelectual simplesmente não dilui ou não se coloca como porta-voz de uma posição previamente constituída e aceita, passa a se incluir na 'tradição de impasses', que, segundo João Alexandre Barbosa, se inaugura com José Veríssimo. Enquanto sou um crítico literário, este impasse especialmente me toca, pois diz respeito à incapacidade de fundir a abordagem histórica com a abordagem interna das obras e estas com a preocupação sociopolítica (LIMA, 1976, p. 17).

Detenho-me por um instante neste ponto, retomando a reflexão de João Alexandre Barbosa que, ao abordar a obra de José Veríssimo, detecta nesta a expressão da dupla face de Janus.

Veríssimo seria o inaugurador de uma "linhagem", cujo método crítico impossibilita a redução a um só rótulo, e o insere, mediante as incertezas expressas em seus escritos, na "tradição do impasse". João Alexandre recorre à metáfora da postura bifronte de Janus, o deus romano dos começos circulares, sem o trânsito para o futuro aberto dos riscos e inovações, e um horizonte limitado pela herança, pela tradição, para ilustrar a postura dúbia de José Veríssimo, sendo também propícia para pensar o impasse agônico da revista. Sobre o autor da *História da Literatura Brasileira*, João Alexandre Barbosa (1974, p. 160-161) argumenta:

> E se a imagem de Janus nos parece acertada é porque [...] o que melhor caracteriza a sua linguagem por essa época é precisamente a impossibilidade (mais uma vez) de realizar a passagem entre o modelo de reflexão oferecido pelo relacionamento entre o crítico e a sociedade de seu tempo e a invenção de uma linguagem crítica capaz de abrir o caminho na direção de uma análise integradora de obras literárias, em que os elementos do passado, da tradição, fossem perscrutados sob um enfoque contemporâneo.

João Alexandre (1974, p. 161) detecta em José Veríssimo uma aguda duplicidade: "não era capaz de transpor, para a consideração das obras literárias, as preocupações que o absorviam no espaço traçado pelas coordenadas sociais e/ou políticas", e nesse sentido, era um "oitocentista revigorado".

A dupla face de Janus é uma metáfora sugestiva para ler este outro *José*, na medida em que é precisamente diante do impasse que a crítica do periódico se manifesta: como expor um juízo estético que dê conta do modernismo e da literatura do período? (E aqui, se se pensar em Carpeaux, que afirma a inexistência de um *corpus*, de uma literatura, entende-se melhor a crise da revista.) Como optar entre a vanguarda ou o mercado, entre o cânone ou o marginal, entre a especialização ou o diletantismo? Como sair dos binarismos? Então, situando-se nessas encruzilhadas, *José* aparece explicitando a crise do julgamento estético. O impasse se dá, sobretudo, em torno da dicotomia ("alta" arte e cultura de massa), que permanece resistente por décadas. Quando o paradigma dá sinais de desgaste, na ascensão da cultura que, no Brasil, pode-se situar no período de início da abertura política (último quartel da década de 70), gera-se o mal-estar que identifica-se em *José*, manifesto na ansiedade contra a contaminação da indústria cultural e na tentativa de se agarrar a alguns preceitos estéticos.

Luiz Costa Lima (1976, p. 17), ainda no texto mencionado, cita Antonio Candido para refletir sobre a inserção do intelectual no Brasil:

> '[...]O escritor começou a adquirir consciência de si mesmo, no Brasil, como cidadão, homem da polis, a quem incumbe difundir as luzes e trabalhar pela pátria.[...] Esta literatura militante chegou ao grande público como sermão, artigo, panfleto, ode cívica; e o grande público aprendeu a esperar dos intelectuais palavras de ordem ou incentivo, com referência aos problemas da jovem nação que surgia'. Estabeleceu-se assim, entre o escritor e o rarefeito público nada refinado, um jogo de expectativas convergentes, que até hoje basicamente se sustém. [...] Conservador ou progressista, privilegiando a partir daí autores diferentes, tal público contudo sempre exige um limite na produção simbólica: a mediania fluente.

Continuidades Efêmeras

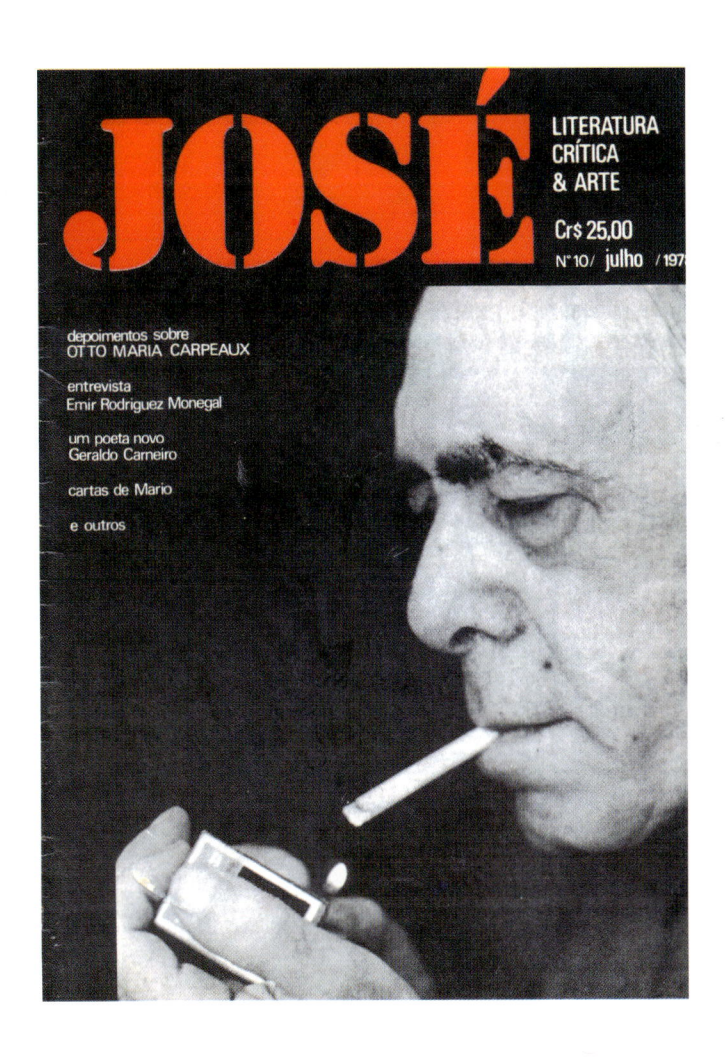

José, N. 10

Simone Dias

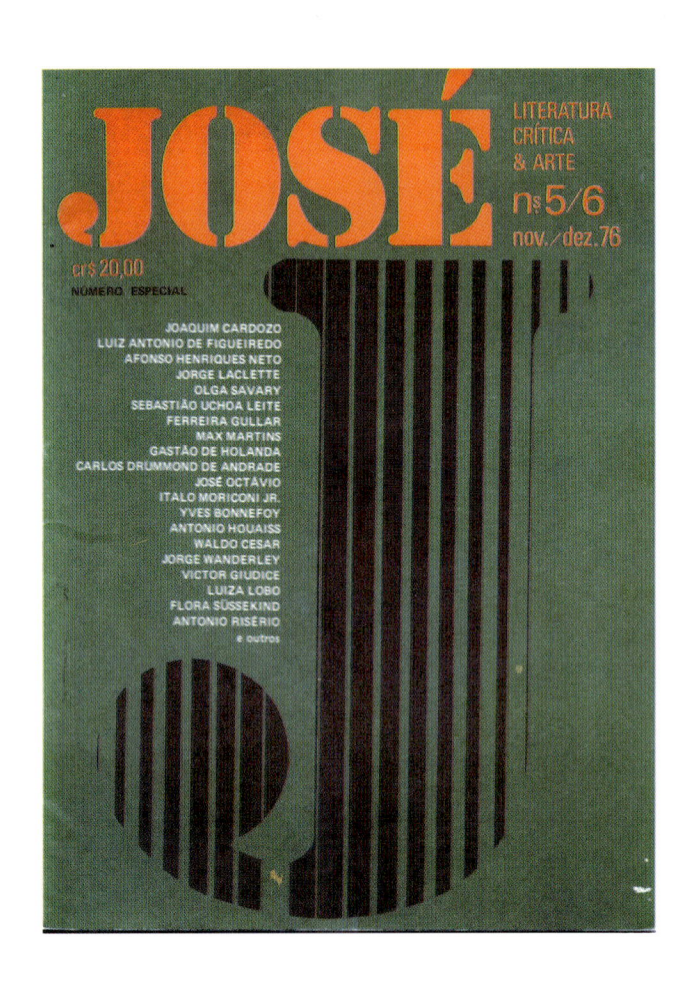

José, N. 5/6

34 Letras, N. 5/6

José, N. 7

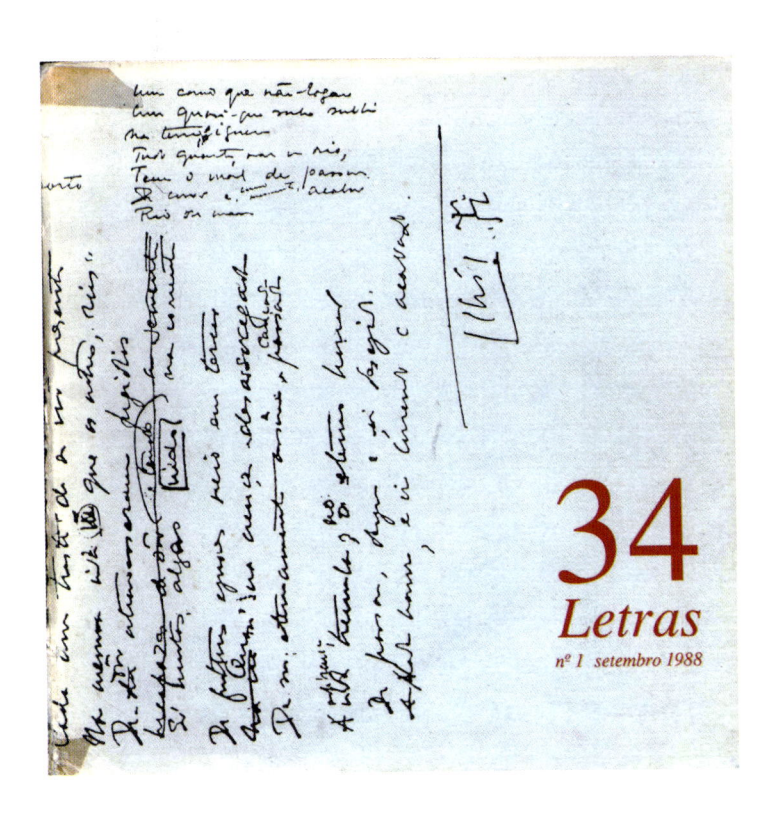

34 Letras, N. 1

José, N. 9

Continuidades Efêmeras

> Ultimamente, restituído à forma humana, vi chegar um hipopótamo, que me arrebatou. Deixei-me ir, calado, não sei se por medo ou confiança; mas, dentro em pouco, a carreira de tal modo se tornou vertiginosa, que me atrevi a interrogá-lo, e com alguma arte lhe disse que a viagem me parecia sem destino.
>
> — Engana-se, replicou o animal, nós vamos à origem dos séculos.
>
> **34 Letras** n° 4 junho 1989

34 Letras, N. 2

JOSÉ
LITERATURA
CRÍTICA
& ARTE
Cr$ 25,00
Ultimamente, restituído à forma
humana, vi chegar um hipopó-
tamo, que me arrebatou. Deixei-
me ir, calado, não sei se por medo
ou confiança; mas, dentro em
pouco, a carreira de tal modo se
tornou vertiginosa, que
me atreví a interrogá-lo,
e com alguma arte lhe
disse que a viagem me
parecia sem destino.
replicou o
34
Letras
nº 4
JOSÉ
LITERATURA
CRÍTICA
& ARTE
Cr$ 25,00
nº 9 / dez. / 1977
E AGORA?
JOSÉ
NO ESPELHO
34
Letras
nº 1 setembro 1988
JOSÉ
LITERATURA
CRÍTICA
& ARTE
nº 5/6
JOSÉ
LITERATURA
CRÍTICA
& ARTE
n.7
Cr$ 15,00
janeiro 1977
...a geração de vocês,
de repente se encontra
diante de um muro...
FELIZ ANO
NOVO
34
Letras
fraude

Em *José*, como se viu, este é justamente um dilema que se armou, entre ser uma revista dirigida aos pares, utilizando o jargão acadêmico, ou apostar na "mediania fluente", voltando-se ao leitor "médio". Ferreira Gullar, no debate "*José* no espelho", abordou a indefinição da revista:

> Mas o que eu coloco é que algumas matérias são de difícil leitura. [...] Uma revista como JOSÉ deveria ser uma leitura para leitor de literatura; inclusive para o próprio escritor ler. Eu sou, supostamente escritor, mas eu não leio determinado tipo de coisa, porque eu não tenho esse tipo de especialização, quer dizer, não sou um teórico da literatura, então eu não leio, você tá entendendo? (GULLAR, 1977, p.10-11)

O alvo das críticas com relação aos artigos de "difícil leitura" parece ser justamente a figura de Luiz Costa Lima, sendo que o comentário de Silviano Santiago (1977, p. 14) também vem em sua direção, ao sugerir a escrita de textos menos metafóricos:

> Eu penso em particular nos ensaios do Luiz, quer dizer, o Luiz tende a ter medo de refletir sobre o momento atual. Ou melhor, ele reflete sobre o momento atual através de metáforas. Eu acho isso de uma sofisticação muito grande. Agora, o que seria interessante é se, por exemplo, o Luiz nos ensaios dele começasse a refletir sem metáforas, sabe?

Entretanto, foi Luiz Costa Lima (1976, p. 17) quem traçou o perfil da crítica brasileira no periódico. Ao posicioná-la numa encruzilhada, desassociada de uma ética, antes "vinculada a um rígido e esquemático código de moral", reconheceu a problemática do colonialismo intelectual. A inquietação do crítico esteve lançada, assim como a de *José*, nos seguintes questionamentos: "Que saída teremos para tudo isso? Dar as costas e ir embora não parece, nem ética nem existencialmente, uma boa solução. Bancar o Quixote? Qual a vantagem dos mártires em bronze?" Luiz Costa Lima (1976, p. 17) arrisca, à guisa de conclusão, uma resposta, uma saída que seja alternativa àquela condenação vislumbrada por Alcântara Machado na *Revista de Antropofagia*, em 1928:

> Sem que seja uma solução, essa visão de nós mesmos, o reconhecimento do maniqueísmo que praticamos, do moralismo paternalista e mitificador que conservamos, talvez indique uma abertura de caminho. Não se trata de tirar os olhos do sufoco imediato em que vivemos, mas de vinculá-lo a um quadro historicamente mais amplo. Do contrário, também nossa atuação será responsável para que permaneçam válidas as palavras de Alcântara Machado: 'país descoberto por acaso é justo que continue ao acaso dos acontecimentos'.

É preciso reconhecer o rígido código de moral ao qual se vincula o intelectual brasileiro para se desvencilhar dele, assim como perceber a conduta paternalista à qual está condicionado. O caminho que Costa Lima aponta não é o de uma postura "facilitadora" ao leitor, como querem alguns no debate "José no espelho", mas, sim, o de uma reflexão sobre os vícios de atuação desse intelectual.

Ainda sobre a "macaqueação da crítica" e a formação de um público leitor no Brasil, o crítico Otto Maria Carpeaux (1976, p. 5) também reitera a problemática exposta por Costa Lima: "A França, até hoje, é ainda o umbigo do mundo para os intelectuais brasileiros". O crítico austríaco-brasileiro sugere que o interesse brasileiro pelos hispano-americanos, por exemplo, veio de tabela, via Europa e Estados Unidos. Como intelectual de esquerda, o tom cético e decepcionado prepondera ao enfocar o papel do intelectual dos anos 70, constatando uma espécie de *trahison des clercs*[32] com relação ao abandono generalizado dos interesses intelectuais e políticos. A menção à tese de Julien Benda, referida na entrevista em questão por Sebastião Uchoa Leite, e

---

32 Trata-se de uma referência à tese de Julien Benda (1927), descrita pelo próprio autor: "obra em que eu denunciava o que chamei a traição dos 'clercs', quer dizer, dos intelectuais, já que essa traição constitui o fato pelo qual muitos dentre eles haviam desconhecido completamente os verdadeiros valores do intelectualismo, para pôr-se a serviço de interesses puramente temporais, em particular o nacionalismo e os interesses das classes burguesas, que, em um palavra, haviam feito política no sentido mais baixo e inintelectual do vocábulo[...]" (BENDA, 1996, p. 128). Silviano Santiago faz uma referência à tese de Benda, mencionada por Mário de Andrade: "Já desde 1934, como atesta uma entrevista ao *Diário Carioca* recentemente recolhida por Telê Ancona Lopez, Mário sentia o comichão da 'traição dos homens de espírito' explorada por Julien Benda. Instado a falar sobre os novíssimos que vinham do Nordeste (ele então era um 'novo'), elogia-os pela atitude decisiva e bem delineada diante dos problemas sociais do nosso tempo'. Mário gostaria de tomar atitude idêntica à dos novíssimos, mas algo o tolhe, como também tolhe alguns dos seus amigos, 'porque ainda [temos] muito do *clerc*'. Os novos ainda buscam a 'verdade', filhos que são do 'falido espírito burguês, liberal'. Já os novíssimos, filhos das 'diversas ditaduras socialistas ou fingidamente socialistas de agora', já não se interessam (*clercs* traidores que são) pela busca da verdade, mas buscam uma 'lei'. Diz Mário ao repórter: 'Adquirem uma lei — comunismo, integralismo, tecnocracia, etc. — e descansam nela enceguecidos. Ou iluminados'. [...] A ambivalência dos sentimentos em Mário não é novidade, afinal ele é trezentos se não for trezentos e cinqüenta. Mas no caso preciso a ambivalência se explica por uma crença no retorno dos valores universais e eternos do homem de espírito. Como na tese de Julien Benda, terminada a crise mundial, o intelectual poderá voltar a ser artista. Tudo o que acontece no presente é 'o abandono temporário de elementos do ser e da humanidade que só prejudicam a fixação das formas novas da sociedade humana. Depois disso, então inteligência, cultura, individualismo retomarão de novo os seus direitos imortais', diz Mário à guisa de conclusão" (SANTIAGO, 1989b, p. 170-171).

atestada por Carpeaux, nos remete-se à crise de um modelo de intelectual[33].

Porém, quando se detecta a *trahison de clercs*, parece ainda persistir a esperança de que o abandono dos ideais seja temporário, e de que, passada a tempestade, retornarão os valores universais do homem de espírito. Não se reconhece, ainda, o advento de outro perfil de "intelectual" (talvez seja pertinente abandonar definitivamente o termo, e utilizar outra categoria, como a de intérprete, proposta por Zygmunt Bauman, ou produtor cultural, por Pierre Bourdieu) que, definitivamente, abandona o papel de legislador e juiz, assim como os "interesses intelectuais e políticos", dos quais trata Carpeaux, e que se consolidaria no final do século XX. Noutros termos, para pensar o intelectual da era moderna, já foi visto que o crítico Zygmunt Bauman (1997, p.13) propõe a metáfora do papel de "legislador", que "consiste en hacer afirmaciones de autoridad que arbitran en controversias de opiniones y escogen las que, tras haber sido seleccionadas, pasan a ser correctas y vinculantes", o que parece condizente com a visão de intelectual da qual trata Carpeaux (1976, p. 5), ao afirmar: "os interesses da maioria dos intelectuais não são mais interesses intelectuais, nem políticos propriamente ditos."

Ao assinalar a crise do intelectual legislador, Bauman (1997, p. 169) sustenta que

---

33 Gramsci (1988) faz uma distinção entre o que chama de "intelectual orgânico", aquele criado pela classe no processo de sua formação e desenvolvimento, e o "intelectual tradicional", o que forma uma camada possuidora de relativa autonomia e continuidade histórica. Para Gramsci, a tarefa do intelectual seria homogeneizar a classe e elevá-la à consciência de sua própria função histórica.

> [O conceito de pós-modernismo] proclamó el fin de la exploración de la verdad última del mundo o la experiencia humana, el final de las ambiciones políticas o misioneras del arte, el del estilo dominante, los cánones artísticos, el interés en los fundamentos estéticos de la autoconfianza artística y las fronteras objetivas del arte. La ausencia de fundamentos, la futilidad de todo intento de trazar los límites de los fenómenos artísticos de una manera objetiva, la imposibilidad de legislar las reglas de un verdadero arte que lo distinguieran del no arte o el mal arte, fueron las ideas que primero se gestaron dentro del discurso de la cultura artística [...].

Dessa forma, o intelectual legislador seria aquele que estabelece regras e se compromete com questões como a verdade, o juízo e o gosto, sendo que tal perfil impera sobretudo ao longo da modernidade. Em seu alto posto, o crítico mantém em seu controle o âmbito do gosto e o juízo artístico, arbitrando no campo das artes. Para ilustrar o impasse, cito uma passagem do já citado "Debate: Poesia hoje", no qual, em busca de definições, Sebastião Uchoa Leite (1976, p. 9) chegou a afirmar, "o problema é saber quem decreta o que é e o que não é poético." Luiz Costa Lima (1976, p. 9) imediatamente responde: "ou saber se podemos falar de poesia através de decretos [...]".

Ainda sobre o perfil do "legislador", Bauman (1997, p. 191) complementa:

> Tener el control significaba manejar, sin demasiados desafíos, los mecanismos transformadores de la incertidumbre en certidumbre; tomar decisiones, emitir pronunciamientos de autoridad, segregar y clasificar, imponer definiciones vinculantes a la realidad. En otras palabras, significaba ejercer poder sobre el campo del arte.

É precisamente esta autoridade que se coloca em xeque na emergência da pós-modernidade[34], quando se assiste, por exemplo, ao estremecimento de paradigmas e valores que outrora definiam as condições em que a verdade ou a "boa arte" podiam ser reconhecidas. Assim, apesar de já dar alguns sinais de crise, o modelo de intelectual que *José* idealizava ainda estava atrelado a uma concepção moderna, na medida em que buscava estabelecer os critérios de valor e pautar-se em um juízo estético. Como constata-se, os debates promovidos pelo periódico fornecem indícios do mal-estar diante da árdua tarefa de definir os critérios de qualidade literária, ou seja, de estabelecer critérios de julgamento. Os impasses que então se apresentaram sinalizavam as tensões de posicionamentos entre os integrantes do conselho editorial, quando se tratava de definir um perfil para a revista. Dessa forma, a crise foi manifesta no momento de se estabelecerem as tomadas de posição, as linhas de interesse e abrangência e a definição do público leitor do periódico.

Sem um antagonista declarado, como era o caso dos movimentos programáticos, com manifestos e programas que delineavam as linhas de atuação, *José* explicitou as tensões prementes diante da vontade de julgar e legislar, e da impossibilidade do ato, perante o estremecimento de valores e a crítica aos movimentos de vanguarda que tomavam forma. Uma consideração de Silviano Santiago (1977, p. 8), em "José no espelho", dá conta dessa problemática de âmbito nacional, localizando o cerne da questão no fato de não se explicitarem no periódico os critérios de julgamento literário.

---

34 Mais adiante, explicito que compreensão se faz do termo neste trabalho. Adianto, desde já, uma distinção com o conceito de pós-modernismo, que se refere à coleção de obras de arte ou produtos intelectuais criados nas condições ou dentro do contexto da pós-modernidade (Cf. BAUMAN, Zygmunt. *Legisladores e intérpretes*. Op. Cit. p.170).

E acho esse um dos problemas capitais para toda revista literária pós-vanguardista. Porque esta é uma das qualidades [...] do movimento concreto, do movimento neoconcreto, de práxis e 'processo' etc, que eram movimentos programáticos, em que tinham manifestos, em que as pessoas expunham as suas idéias, ficava muito fácil fazer uma revista. Todo o critério de seleção já estava expresso, já estava explícito. O 'lixo' podia ser facilmente justificado, porque seriam todos os textos, todos os poemas, todos os artigos, que não se enquadrariam dentro do projeto concreto e, possivelmente, qualquer texto que fosse um pouco mais próximo de qualquer movimento paralelo ao movimento concreto, suponhamos. A mesma situação, guardadas as diferenças, encontramos numa revista como a revista da Civilização Brasileira — que também teve muita importância e que teve uma periodicidade muito grande. Ela tinha explícito seu programa, se não me engano, com uma crítica do populismo, uma autocrítica do populismo, ponhamos ou mesmo uma autocrítica da esquerda até 64 e das possibilidades da esquerda depois de 64, etc. Então eram revistas altamente programáticas. Agora, com a crítica aos movimentos de vanguarda, a partir dos anos, ponhamos 72, se não me engano, é que surgiu realmente uma crítica aberta e mesmo um descrédito de todos os programas e manifestos de vanguarda. Então, os critérios também ficaram no ar. Porque a revista JOSÉ, na medida em que *não lançou no seu primeiro número um manifesto*, é uma revista em que se evidencia desde o início que *o critério seria um pouco o da sensibilidade de cada um* [...] (grifo meu).

Se a falta de explicitação dos critérios de julgamento literário foi o problema de grande parte da produção periodística da época, não se pode dizer, no entanto, que *José* ignorou a questão. Pelo contrário, talvez mesmo diante da impossibilidade dessa definição, em toda a sua trajetória buscou apontar caminhos de uma direção a seguir, arriscando respostas a partir dos debates, entrevistas e ensaios.

Retomo novamente a perspectiva de Alceu Amoroso Lima, ao afirmar, ainda na entrevista concedida à *José*, que a sua geração (a mesma de Mário e de Carpeaux) viveu o início do século e "teve diante de si uma trincheira que separou o século XIX do século XX, [...] a Guerra de 14", enquanto a geração dos "Josés" enfrentou um muro: com o golpe de 64, a "nova geração brasileira" passa a ter diante de si uma enorme limitação que seria a liberdade política. Se, na primeira, a vanguarda militar e artística entrava em ação e bombardeava os menos avisados, aqui, não há mais trincheiras. Ainda que procurasse apontar caminhos, definir valores e premissas para definir um posicionamento, dar ouvidos aos testemunhos de críticos experientes e reconhecidos, a revista refletiu a crise de um modelo.

Talvez caiba aqui uma reflexão sobre o termo vanguarda com o propósito de verificar as razões pelas quais se problematiza esta noção no mundo pós-moderno. É possível, a partir daí, perceber mais claramente o impasse de *José*, ao tentar um posicionamento na linha de frente.

> *Avant-garde* significa, literalmente, vanguarda, posto avançado, ponta-de-lança da primeira fileira de um exército em movimento: um destacamento que se move na frente do corpo mais importante das forças armadas – mas permanece adiante apenas com o fim de preparar o terreno para o resto do exército. Um pelotão, diz-se, que capturou um ponto de apoio no território ainda controlado pelo inimigo, será seguido por batalhões, regimentos e divisões. A

vanguarda dá à distância que a separa do grosso da tropa uma dimensão temporal: o que está sendo feito *presentemente* por uma pequena unidade avançada será repetido *mais tarde*, por todas. A guarda é considerada 'avançada' na suposição de que 'os restantes lhe seguirão o exemplo'. Sem falar que sabemos, com toda certeza, de que lado está a frente e onde a retaguarda, onde é 'na dianteira' e onde 'atrás'. [...] Num mundo em que se pode falar de *avant-garde*, 'para a frente' e 'para trás' têm, simultaneamente, dimensões espaciais e temporais (BAUMAN, 1998, p. 121).

Assim, tem-se a seguinte configuração: só se pode considerar a vanguarda quando tem-se definidas as linhas dianteiras; quando estas se pulverizam e não se reconhece mais nem linha de frente nem de retirada, problematiza-se a própria noção de vanguarda. Daí que Bauman (1998, p. 122) enxerga, na cena contemporânea, que

> Em vez de um exército regular, as batalhas disseminadas, agora, são travadas por unidades de guerrilha; em vez de uma ação ofensiva concentrada e com um objetivo estratégico determinado, ocorrem intermináveis escaramuças locais, destituídas de finalidade global. Ninguém prepara o caminho para os outros, ninguém espera que os outros venham em seguida.

No mesmo sentido, parece que pode-se ler a angústia de *José* diante das dificuldades de localizar o "inimigo", o antagonista. Mais que isso, é possível identificar no paradoxo da vanguarda os impasses da própria revista, que almejava um reconhecimento público ao mesmo tempo que o desprezava. De um lado, não queria a vaia, de outro, tampouco o aplauso.

O paradoxo da vanguarda, portanto, é que ela tomou como sucesso o signo do fracasso, enquanto a derrota significasse, para isso, uma confirmação de que estava certa. A vanguarda sofria quando o reconhecimento público era negado – mas ainda se sentia mais atormentada quando a sonhada aclamação e o aplauso surgiam finalmente (BAUMAN, 1998, p. 125).

Entra em cena novamente a questão do "mercado". Pierre Bourdieu (1996, p. 248) também afirma a ambigüidade do "não-sucesso", ou ainda, pode-se acrescentar, de uma busca pelo "princípio de hierarquização interna", como denomina o próprio autor referindo-se ao grau de consagração específica, quando os escritores são conhecidos e reconhecidos por seus pares e unicamente por eles e devem seu prestígio, pelo menos negativamente, ao fato de que não concedem nada à demanda do "grande público".

> O não-sucesso é em si ambíguo, já que pode ser percebido seja como escolhido, seja como sofrido, e que os indícios do reconhecimento dos pares, que separa os 'artistas malditos' dos 'artistas frustrados', são sempre incertos e ambíguos, tanto para os observadores como para os próprios artistas: os autores *malsucedidos* podem encontrar nessa indeterminação objetiva o meio de manter uma incerteza sobre seu próprio destino, auxiliados nisso por todos os apoios institucionais que a má-fé coletiva lhes assegura.

Esta perspectiva de demonizar o reconhecimento do grande público está ligada, em última instância, ao conceito de arte elevada, destinada a um público restrito e detentor de um conhecimento, que também repudia o sucesso comercial. É ainda Pierre Bourdieu (1996, p. 247) quem afirma que

[...] não existe nada que divida mais claramente os produtores culturais que a relação que mantêm com o *sucesso comercial* ou mundano (e com os meios de o obter, como por exemplo, hoje, a submissão à imprensa ou aos meios de comunicação modernos): reconhecido e aceito, ou mesmo expressamente procurado por uns, é recusado pelos defensores de um princípio de hierarquização autônomo enquanto atestado de um interesse mercenário pelos lucros econômicos e políticos. E os defensores mais resolutos da autonomia constituem em critério de avaliação fundamental a oposição entre as obras feitas para o público e as obras que devem fazer seu público.

Entretanto, atualmente torna-se cada vez mais difícil manter esta posição de embate com os "lucros" e muitos são os produtores culturais que procuram alternativas a este pró ou contra. As concessões se tornam a cada dia mais regulares no campo literário, apesar de que, nas duas revistas que são os focos deste estudo, ainda pode-se distinguir esta lógica de defesa de um princípio de hierarquização autônomo.

José deixou de circular em 1978 com a homenagem póstuma ao crítico Otto Maria Carpeaux ou, podería-se dizer, ao próprio modernismo. No entanto, terá seus desdobramentos, inexoravelmente, em outro periódico, dez anos mais tarde.

Ressalto, antes de finalizar, o que considero como uma das reverberações de *José* em *34 Letras*, o texto de Luiz Costa Lima, "Dependência cultural e estudos literários" (1988, p. 116-127), que retoma a questão do "sistema intelectual brasileiro". Em síntese, o mencionado ensaio reflete sobre as influências das relações econômicas nas produções culturais, questionando as razões de nossa dependência cultural. Além dos elementos de ordem econômica que afligem o intelectual brasileiro, o autor ressalta os fatores de nosso próprio sistema cultural, que demonstram descaso com a atividade intelectual. Examina o papel da auditividade e do culto da improvisação como valores que intensificam a dependência cultural, em busca de caminhos que permitam a saída desse círculo vicioso.

ESTRATÉGIAS E CONVOCAÇÕES DE 34 LETRAS

Um dos projetos culturais que se beneficiou da "Lei Sarney", já se sabe, foi a revista *34 Letras*, publicada de 1988 a 1990, deixando de circular logo após a revogação da Lei. Cabe registrar que a Lei Sarney transformava o antigo mecenato oficial[1] em contrato de incentivo do empresariado à produção cultural com benefícios legais e financeiros para a parte doadora, o que, se por um lado, viabilizou alguns projetos culturais interessantes, por outro fez aflorarem vários escândalos financeiros envolvendo "artistas" e um empresariado com "pouca prática". Ao tratar dos escândalos que vieram na esteira da mencionada Lei, Silviano Santiago (1988, p. 6-9) afirma:

> Há algo de podre no reino quando estão na arena pública de uma economia capitalista otimismo excessivo de quem recebe e um 'leão' amordaçado pela falta de escrúpulos dos poderosos. Moral: economia de mercado é uma balela e imposto de renda por aqui é coisa de assalariado.

A parceria com o capital "privado", no caso de *34 Letras*, resultou numa revista elaborada, cujo projeto gráfico explicita: dinheiro não faltou. Enquanto *José* vivia o dilema, encontrava-se diante de um muro, buscava a saída para a literatura, angustiava-

---

1 A década de 70 ainda é marcada pelos desdobramentos das implantações de planos oficiais abrangentes em condições de nortear a presença do Governo na área cultural, o que sustentou a criação de vários organismos, como, por exemplo, a Embrafilme (criada em 69 e ampliada em 1975), a Funarte e o Departamento de Assuntos Culturais (DAC). Tanto a gestão de Ney Braga (governo Geisel — 1974/78) quanto a de Eduardo Portella (governo Figueiredo) atuaram de forma sistemática em torno das diretrizes da "política cultural oficial" (Cf. MICELLI, 1984, p. 53-83). Esta nota apenas enfatiza a propensão para o oficialismo em nossa tradição cultural e literária, reforçando o paternalismo. A prática instituída com a "Lei Sarney" o camufla, mas também está inscrita nesta lógica.

se diante dos impasses que a consolidação da indústria cultural no Brasil impunha, com todas as implicações que isto acarretasse, *34* era pós-agônica, no sentido de que descartava o empenho agonístico que marcou a primeira revista, descartando antigos dilemas. Por exemplo, *José* buscou uma autonomia financeira, encarando o dilema entre ser uma "revista de bancas" ou uma "revista elitista", sem vínculos com o Estado; dilema que não se sustentou em *34 Letras*, na medida em que assumiu sua dependência, em última instância, dos subsídios do Governo. Com efeito, nos debates da primeira revista, houve sempre a tentativa de se encontrarem respostas e denominadores comuns, enquanto na segunda preponderava a publicação de posicionamentos distintos lado a lado sem aquele mal-estar. *34 Letras*, tendo como lema a pluralidade e a interdisciplinaridade, enxergava os aspectos positivos do embaralhamento das instâncias, diga-se assim, artística, estatal e de mercado. Observo mais detidamente a questão.

Sabe-se, sobretudo com a leitura de Sérgio Micelli (1979) em *Intelectuais e classe dirigente no Brasil*, das estreitas relações dos intelectuais modernistas com o poder, visto que o autor sublinha as vinculações políticas destes com o projeto de nação da República Nova e focaliza o mecenato exercido pela fração intelectualizada e "europeizada" dos grupos dirigentes paulistas.

---

2 Silviano Santiago tece comentários sobre a postura do intelectual modernista a este propósito. Reproduzo um fragmento: "O modernista não forneceu a seu leitor o 'preço' da obra. O estudo de Micelli não deixa, por isso, de ser uma espécie de avaliação dos custos políticos que o projeto artístico modernista acarretou por não ter o artista (e o texto) investido corajosamente em outras fontes de renda, como, por exemplo, o mercado consumidor. É verdadeira uma outra constatação de Micelli: esses intelectuais 'foram os artífices de um mercado paralelo de bens culturais cuja força deriva do jugo que exercem sobre as instâncias de consagração que vieram se substituir aos veredictos do mercado privado'" (SANTIAGO, 1989b, p. 166-167).

Assim, a relação do intelectual modernista era subsidiada, ainda que indiretamente, pelo Estado[3], o que marca uma diferenciação com relação à postura dos intelectuais que compuseram a revista *José*, em fins dos 70. No periódico, o repúdio a uma vinculação deste gênero é explícito, pelo menos no que concerne aos subsídios para se manter a publicação, sobretudo por se tratar, à época, de um governo militar. O impasse aparece na ambígua relação que estes intelectuais mantinham com o mercado consumidor e aqui entra em jogo, por exemplo, o dilema entre se constituir uma "revista de bancas", ou não. Também convém mencionar um sintoma dessa ambigüidade: o embaraço diante da tentativa de definição de uma linha editorial que desse os rumos ao periódico.

Distante desses impasses, *34 Letras* já não mais se coloca tais questões enquanto dilemas: é bancada pelos benefícios de uma lei do Governo Sarney, estabelece ligações com o capital empresarial e com o círculo acadêmico. Ensaia até mesmo uma vinculação mais efetiva com os leitores para a manutenção da revista, quando a Lei é revogada e emerge a necessidade de uma vendagem mais ampla para seguir adiante. Entretanto, esta tentativa fracassa.

---

3 Uma passagem do livro de Sérgio Micelli ilustra as vinculações desta produção: "A primeira edição de quinhentos exemplares do *Juca Mulato*, de Menotti del Picchia, a primeira edição de oitocentos exemplares de *Losango Cáqui*, de Mário de Andrade, a edição parisiense de *Pau-Brasil*, de Oswald de Andrade, são empreendimentos editoriais financiados pelos próprios autores ou por seus mecenas, que ostentam as características de uma produção artesanal de luxo. Tratava-se, pois, de obras que estavam virtualmente 'excluídas' do mercado mais amplo onde os livros dos anatolianos alcançavam vendagem expressiva através de sucessivas edições [...], os modernistas derivavam suas condições materiais de existência seja de rendimentos pessoais e/ou familiares seja de empregos e tarefas que exerciam nas instituições políticas e culturais da oligarquia" (MICELLI, 1979, p.14-15).

É conveniente chamar a atenção para o fato de que as relações de produção do intelectual se iniciaram com o papel fundamental, no nosso caso, dos *mass media*, distinguindo-se dos casos europeus, nos quais as duas esferas aparecem em rota de colisão. Renato Ortiz (1988, p.25), leitor de Pierre Bourdieu, demarca essa distinção, tratando aqui do caso europeu:

> O século XIX se caracteriza, portanto, pela emergência de duas esferas distintas: uma de circulação restrita, vinculada à literatura e às artes, outra de circulação ampliada, de caráter comercial. O público se encontra, desta forma, cindido em duas partes: de um lado, uma minoria de especialistas, de outro, uma massa de consumidores. Essa oposição não deixa de colocar em conflito os atores desses dois campos sociais. Por isso vamos encontrar entre os artistas, os escritores, as vanguardas, as primeiras críticas em relação à chamada cultura das massas. Por exemplo: na Inglaterra, os escritos de Matthew Arnold sobre cultura; na França, as polêmicas de Saint Beuve contra a literatura industrial. Creio, no entanto, independente da ideologia professada, progressista ou conservadora, que a crítica se fundamenta num antagonismo socialmente demarcado.

Ao examinar essa problemática no Brasil, Ortiz (1988, p.28-29), com extrema agudeza, enfatiza:

> Para o escritor, o jornal desempenhava funções econômicas e sociais importantes; ele era fonte de renda e de prestígio. Devido à insuficiente institucionalização da esfera literária, temos um caso no qual um órgão voltado para a produção de massa se transforma em instância consagradora da legitimidade da obra literária. [...]

Esta característica da situação brasileira, um trânsito entre esferas regidas por lógicas diferentes, possui a meu ver uma dupla conseqüência. Uma é, sem dúvida, positiva; ela abre um espaço de criação que em alguns períodos será aproveitado por determinados grupos culturais. Outra, de caráter mais restritivo, pois os intelectuais passam a atuar dentro da dependência da lógica comercial, e por fazer parte do sistema empresarial, têm dificuldade em construir uma visão crítica em relação ao tipo de cultura que produzem.

Operando dentro dessa lógica de mercado e dependendo dela, os intelectuais têm efetivamente um trânsito maior, mas se restringe à problematização crítica sobre a lógica na qual se inserem suas produções. Assim, podería-se dizer, com Renato Ortiz, que os periódicos brasileiros surgem na encruzilhada de esferas regidas por lógicas distintas (por exemplo, a da esfera literária e a da indústria cultural), provocando um embaralhamento dessas instâncias. Entretanto, é preciso assinalar também que as revistas literárias se valem do aparato editorial, mas demarcam seu público alvo[4]. No caso de *34 Letras*, ao depender do aval do Estado para subsistir, tendo em vista que o apoio das empresas vem em troca da renúncia fiscal, persiste a idéia de um Estado paternalista, provedor da cultura. Noutras palavras, a revista depende do Estado, flerta com a indústria cultural, mas naufraga justamente no processo de transição para o neoliberalismo.

O sétimo número foi o primeiro (e único, aliás) a dar sinais da crise, quando a lei Sarney estava ameaçada, declarando no editorial:

---

[4] Algumas revistas são dirigidas ao especialista, outras se voltam ao leitor de literatura, almejando uma fatia maior do mercado.

Apesar do sucesso de crítica e público estamos com dificuldades para manter o nosso projeto. *Não-comercial* e *não-institucional* mas voltada para as questões vivas que movem o nosso tempo, a revista tem se mantido através do apoio de empresas privadas, tornado possíveis pela lei n.7505/86. Estas empresas, e várias outras (brasileiras e estrangeiras), contactadas pela revista desde setembro do ano passado, se encontram, hoje, em compasso de espera, face ao momento de indefinição da política econômica e fiscal do novo governo (OURO para 34, 1990, p. 8, grifo meu).

O disfarce "não-comercial e não-institucional" que a revista fez questão de exibir em editorial se vincula à idéia de arte autônoma, mostrando ares de descompromisso. A responsabilidade da crise, que fez com que o periódico divulguasse uma campanha de arrecadação de fundos, visando assegurar a periodicidade durante o ano de 1990, foi atribuída à indefinição política, econômica e fiscal do governo Collor, que iniciava o mandato. A execução do projeto só foi possível devido ao apoio privado-público, sendo que não houve sustentação via mercado e assinaturas.

Ao comunicar as dificuldades enfrentadas e a campanha de arrecadação de fundos, que solicitava contribuições voluntárias, em março de 1990, o editorial da revista utilizou a chamada "Ouro para 34", numa alusão explícita ao pedido de contribuição à população de São Paulo dos anos 30, pela resistência aos federalistas, e a do Brasil dos anos de ditadura militar. Chamada ambígua que remete tanto a uma possível condecoração à revista, quanto a dois momentos singulares da política brasileira: ouro para São Paulo, campanha promovida pela oposição aos federalistas; e ouro pelo desenvolvimento do Brasil, defendida pelos militares nacionalistas. A campanha não vingou e a revista encerrou as atividades.

Seguiu à exposição das dificuldades um pedido de contribuição ao leitor na campanha de arrecadação de fundos que, ao que tudo indica, não teve êxito. A este propósito, assinalo um trecho da correspondência de João Guilherme Quental, membro do conselho diretivo, dirigida a uma leitora da revista, por ocasião de uma manifestação de solidariedade:

> Um dos grandes problemas é realmente a estabilidade emocional. Como não ficar deprimido? Como evitar o desejo de fazer as malas e ir cursar um mestrado na Costa do Marfim? Como não ter vontade de sair por aí dizendo que o país é uma droga (perdoe-nos o eufemismo), que não valorizam a cultura, que nada mais sério pode dar certo aqui? Não sabemos. Não, não mesmo. Mas, mesmo sem resposta, dominamos a indignação. Ficar frio. Pensar em como dar certo, em como não ter de sair do país. É importante. Por isso, acreditamos que a 34 não vai acabar de vez. Ela vai voltar. Como, quando e onde, não sabemos. Mas vai [...].[5]

Com a posse de Fernando Collor de Melo, a Lei Sarney deixa de vigorar, para, mais tarde, dar lugar a uma lei similar no que concerne aos benefícios, conhecida como "Lei Rouanet". Entretanto, a revista não volta a circular, talvez um indício de que outras adversidades tenham liquidado a intenção de a publicação prosseguir. Ficou, porém, a Editora 34, que mantém até

---

[5] Correspondência enviada a uma assinante da revista (Tânia Regina Oliveira Ramos) em 23 de abril de 1990.

hoje uma produção editorial de qualidade, abrigando grande parte dos colaboradores da revista.

Ascendência da tradução

Outra configuração sobre a qual gostaria de me deter diz respeito à abordagem da questão do nacional. Enquanto a questão, na década de 70, foi amplamente discutida e dramatizada, nos fins dos 80 o quadro se mostrou bastante distinto e prevaleceram as teorizações sobre o processo de transnacionalização. Um desdobramento dessa mudança poderia ser lido no espaço concedido à tradução nos dois recortes. Quero dizer, se os anos 70 são marcados por uma tímida presença de traduções nos periódicos[6], o quadro se apresenta distinto no decênio seguinte, sobretudo nesta revista, que propôs o atravessamento das fronteiras, inclusive lingüísticas. *34 Letras* foi emblemática para assinalar a mudança, já que tinha 34% dos textos traduzidos, entre poemas, ensaios e entrevistas. Acrescento que os poemas foram apresentados na língua de origem e traduzidos, fornecendo um outro estatuto para a tradução.

A presença significativa de traduções no periódico foi fundamentada, por exemplo, na vertente concretista, com o exercício da teoria da "transcriação", proposta por Haroldo de Campos. Publicando algumas releituras de expoentes do "paideuma"

---

[6] Para se ter uma idéia do quanto se publica de textos traduzidos no periodismo, apresento alguns dados: *José – Literatura, Crítica & Arte* (1976-78), 7,1%; *Almanaque – cadernos de literatura e ensaio* (1976-82), 11,7%; *Revista Vozes de Cultura* (recorte dos anos 1975-77), 0,3%; *Argumento* (1973-74), 6,1%; *Através* (1978-79), 4,3%; *Escrita* (75-88), 7,9%, e no *Folhetim* (*Folha de S.Paulo*) dos anos 70 (77-79), apenas 0,1% de traduções. Dados extraídos do Banco de Dados do Projeto Poéticas Contemporâneas, Núcleo de Estudos Literários e Culturais, UFSC. Observa-se que, em *José*, a aposta na tradução ainda era tímida.

dos concretos, as contribuições vieram, sobretudo, pelas mãos da linhagem experimentalista (Augusto de Campos e Lino Machado, por exemplo). A prática pareceu funcionar também para fornecer à revista certo respaldo e legitimidade, na publicação de nomes já consagrados pela crítica e na veiculação de textos por vezes ainda pouco conhecidos do público leitor. Nesta perspectiva proposta pelos concretos, não se vislumbra uma consonância com a pluralidade propagada pelo periódico, visto que as referências dos primeiros definem, de antemão, um padrão de gosto e um recorte arbitrário.

Ao contemplar tal regularidade de textos traduzidos, a revista sustentou a assertiva de que foi pautada pela busca da diversidade —"não só 'disciplinar', mas também de nacionalidades" (EDITORIAL, 1989, p. 11). De fato, há uma variedade de línguas no que se refere ao material poético traduzido, ainda que se perceba uma clara predominância dos poemas de língua inglesa. Verifica-se que, dos poemas publicados, 23 são de língua inglesa, cinco italianos, quatro de língua alemã, um austríaco, um catalão e nenhum francês.

Rubrica permanente da revista[7], a seção de tradução abrigou, por exemplo, poetas como e.e.cummings e Ezra Pound. Sebastião Uchoa Leite, uma das figuras chaves em *José*, também teve participação ativa em *34 Letras*, porém, de outra ordem: nesta última, ele foi um dos entrevistados do periódico, o que o colocou numa posição de referência para a revista. O poeta e crítico publicou também alguns ensaios na revista, sendo que

---

7 A mencionada seção contemplou traduções de poemas. Cabe registrar que, do total de textos publicados em *34 Letras*, os poemas somam 35,9%. Destes, 34% de traduções e o restante figura na seção de inéditos. Entretanto, apesar de toda ênfase que se deu à tradução na revista, dos 34,29% do total de textos traduzidos pelo periódico, 1,79% não apresentam os créditos referentes ao tradutor.

um deles abordou a perspectiva da tradução da linhagem experimentalista: "[...] esta preocupação com a tradução está ligada neles à preocupação com o pensamento mais planetário, um pensamento que não fique encarquilhado dentro de uma visão nacionalista estreita" (LEITE,1990, p. 38).

Sublinho também a aposta de outros textos da revista na leitura da tradução como possibilidade da tradição. Tais textos, como o editorial do primeiro número, dialogam com outro comentário de Sebastião Uchoa Leite (1989, p. 140), que dá conta dessa vertente, ao postular a perspectiva borgeana.

> Traduzir seria ler o melhor possível. Segundo Jorge Luis Borges ler é uma operação mais intelectual que escrever. Sem atingir a mesma radicalidade, poder-se-ia dizer que traduzir é operação tão intelectual quanto produzir, e, em certas circunstâncias, mais.

Dissonante com esta leitura, porém, é preciso dizer que se detecta também uma crítica à publicação de traduções, manifesta na escrita de Rubens Figueiredo (1988, p.50), colaborador da tessitura narrativa de *34 Letras*, ao abordar o papel da literatura e da crítica do período.

> Divertir, comover, traduzir. Não é difícil publicar traduções. Os originais afinal já foram selecionados por editores que cumpriram suas funções profissionais. E é ainda mais fácil comentar na imprensa livros traduzidos. Seus editores, por mais recentes, já estão perfeitamente avaliados, analisados, enquadrados, por críticos que, em seus países, exerceram o seu ofício com o risco e a responsabilidade que lhes cabe. Idéias literárias novas provêm de obras novas. [...] Que insípida infantilidade o sonho de ir para o jornal escrever Joyce, Kafka, Proust.

A crença na autenticidade e na originalidade parece deslocada quando confronta-se este com os textos da vertente pós-estruturalista, publicados em *34 Letras*. É pertinente sublinhar a tensão de textos com tal postura em uma revista que postula justamente o intercâmbio das linguagens e linhagens, almejando dar conta, em suas páginas, das variadas tendências da crítica contemporânea, resultando em uma revista que foge a uma catalogação imediata.

Com efeito, figuram, lado a lado, a defesa, pouco consistente, do espaço para o nacional, caso em que Rubens Figueiredo propõe a publicação de "obras novas" (leia-se, brasileiras), em detrimento da "infantilidade" das traduções, cujos originais já teriam sido devidamente "avaliados" e consagrados, e a própria crítica ao estabelecimento de fronteiras, proposta explícita dos editoriais do periódico.

A partir daí, é possível perceber os regimes de tensão que funcionam no periódico, por exemplo, entre uma perspectiva nacionalista e outra internacionalista. Parece-me propício fazer uma distinção entre o que chamo aqui de perspectiva nacionalista, que se distingue da que aparece em *José*. Uma das premissas do texto de Rubens Figueiredo é que o nacional, por si, constitui valor. Os textos de Luiz Costa Lima e Mário de Andrade exploram a idéia de que a questão da identidade já não passa mais pela questão do "ser brasileiro". A busca de um "acento nacional" constitui-se, em Mário, no abandono do dilema universalismo ou nacionalismo e do mimetismo. Quase setenta anos depois, Rubens Figueiredo reclama da ascendência da tradução e da falta de crítica sobre a literatura brasileira do período. Figueiredo (1988, p. 50) não condena a "macaqueação", mas a inexistência ou precariedade da crítica no que concerne à produção "nacional", considerando que o crítico precisaria "privilegiar a produção literária de seu país, de sua língua, pois o contato com o texto novo, ainda não catalogado e estabelecido, é que exigirá dele as genuínas qualidades de um intelectual". Poderia-se ler aí um indício do "nacionalismo estreito" de que trata Sebastião Uchoa Leite, em posição de embate com uma das propostas da revista, de divulgar "re-leituras ou novas traduções" que ajudem na "decodificação da selva de signos que nos cerca" (EDITORIAL, 1988, p. 5).

Brevemente, menciono outro texto de Luiz Costa Lima (1988a, p. 61), que se detém em analisar a crítica literária de extração iluminista, verificando seus critérios e suas linhas de força. Trata-se de "Crítica literária e modernidade", no qual o autor destaca, com relação ao aparecimento da crítica literária, que, com o mercado, "a *intelligentsia* tem a possibilidade de romper suas amarras com a aristocracia e seu produto principal, o livro, a tela ou a partitura, de se converter em um bem tão negociável como qualquer outro." Entretanto Costa Lima (1988a, p. 73) também ressalta a reclamação dos autores, sobretudo jovens, e aqui poderia-se inscrever a de Rubens Figueiredo: seus livros não são resenhados; são desconhecidos dos próprios professores de literatura; e já não se dispõe de críticos como os de uma geração passada. Tentando responder à questão, o crítico enfatiza:

> [...] dentro da indústria cultural contemporânea, a crítica de livros é uma atividade secundária; do ponto de vista do mercado, menos decisiva que a publicidade e a venda da imagem do autor. Entre os *media* e o livro há não menos que um hiato de linguagens. [...] O primeiro grande adversário da crítica nos *media* não é de ordem política senão que estritamente econômica.

Costa Lima (1988a, p. 74) sugere a entrada em cena de outro gênero, este de "prosa analítica", que reflita sobre a literatura tanto em sua constituição interna quanto em seu relacionamento histórico-temporal: a teoria da literatura. Não caberia ao teórico da literatura o papel de restituir à literatura o prestígio social que perdeu, "[...] mas compreender sua função tem pelo menos o mérito de evitar o tom nostálgico dos que se queixam de já não termos críticos como os de outrora. Esse é um saudosismo no mínimo alimentado pela pouca informação de seus difusores"[8].

Voltando ao tema do lugar de destaque que ocupa a tradução na revista, acrescento que, além da rubrica que contempla a tradução de poemas[9], publicam-se um número razoável de ensaios e entrevistas de outras nacionalidades, com evidente preponderância, aqui, dos franceses[10]. Assim, os franceses aparecem como ensaístas, mas não como poetas. A tradução é também temática de um dossiê de ensaios no terceiro número, com textos que tanto abordam as dificuldades da tarefa do tradutor, quanto procuram equacionar teorias da tradução (nas quais se empenham Haroldo de Campos e Nelson Ascher).

Quando se trata da busca pelo "internacional" por parte dos experimentalistas, detecta-se que a seleção se dá em função

---

8 Reafirma o que já dizia em *José*.

9 Os poetas traduzidos na revista são os seguintes (ordem alfabética): ALIGHIERI, Dante; BAFFO, Giorgio; BORGES, Jorge Luis; BUKOWSKI, Charles; BYRON, Lord; CELAN, Paul; CONSTANZO, Gerald; cummings, e. e. (2 traduções); DICKINSON, Emily (2 traduções); FLEMING, Paul; GOETHE; HASS, Robert; HÖLDERLIN, Friedrich; MANZI, Gianluca; McPHERSON, Sandra (2 traduções); MENDES, Murilo; MILLAY, Edna St. Vincent; MONTALE, Eugenio; OAKES, Philip; PLATH, Sylvia (2 traduções); POUND, Ezra; ROMAGUERA, Josep; SHAKESPEARE, William (4 traduções de um mesmo poema); SILESIUS, Angelus; WHITMAN, Walt; WILLIAMS, William Carlos; WORDSWORTH, William.

10 Lembre-se a crítica que se fazia em *José*, na voz de Otto Maria Carpeaux: "A França até hoje, é ainda o umbigo do mundo para os intelectuais brasileiros."

de valores prévios, já se afirmou. A "preocupação com o pensamento mais planetário" se define, assim, por um recorte arbitrário: é uma determinada fatia desse "internacional" que lhes interessa. Na perspectiva dos experimentalistas, consideram-se a criação e a tradução situadas no mesmo nível, ou ainda, traduzir determinado poema e escrever um outro não seriam atitudes radicalmente distintas, visto que, em ambas as situações, se parte de um mesmo impulso básico perante a poesia. Em uma entrevista concedida à *34 Letras*, Augusto de Campos (1989, p. 10-28), o poeta-crítico, define

> Tradução como criação, recriação, *transcriação* (expressão de Haroldo). Gosto de falar em tradução-arte. A tradução é, de fato, para mim, uma experiência inseparável do impulso criativo. Meu grande modelo é Ezra Pound [...] A tradução é para mim uma forma de dialogar intimamente com os poetas que admiro, uma modalidade de crítica, e também uma disciplina do ego, um meio de sair do meu próprio círculo e confraternizar com estilos, linguagens e temperamentos diversos do meu.

Ao argumentar sobre seu critério de escolha no que tange aos poetas privilegiados para traduções, é possível perceber alguma consonância em torno das eleições feitas pela revista. Augusto de Campos (1989, p. 18-19) expõe seus critérios:

> Além da empatia com os textos, houve nas minhas incursões tradutórias um propósito crítico-didático, não apenas em função da poesia concreta, mas de uma idéia mais ampla, a de privilegiar os poetas-inventores, na classificação poundiana. A tradição de invenção sempre foi rara e rala, ainda mais entre nós. Era necessário recuperá-la. [...] *Trazer para a nossa língua algo que se encontre ausente da nossa*

tradição poética certamente foi uma motivação preponderante.

Dos escritores privilegiados pelos irmãos Campos, destaco, na revista, a inserção de Dante Alighieri, Goethe, Hölderlin, e.e.cummings e Ezra Pound, para citar alguns. Na entrevista, Augusto de Campos também critica a qualidade das traduções feitas no decênio de 80, quando se assistiu a uma ampliação do espaço aos tradutores[11], porém, em sua opinião, salvo a prática dos concretos, traduz-se, no período, com técnica deficiente e por atacado.

No dossiê que aborda a tradução (n.3), o diálogo provocado pelos textos, precisamente aqui, parece funcionar numa constante remissão aos próprios artigos publicados. Por exemplo, publicam-se fragmentos de Novalis (1772-1801), citado no ensaio de Haroldo de Campos ("Da tradução à transficcionalidade"), consoante com o de Nelson Ascher — "O texto e sua sombra (teses sobre a teoria da intradução)" — que apresenta a teoria da tradução de Augusto de Campos, o qual, por sua vez, é objeto de estudo de Ana Cristina Cesar (1983). A mediação de Sebastião Uchoa Leite (1988) também vale ser mencionada, visto que vai tratar, em contraponto com o texto de Ascher e recorrendo a Jorge Luis Borges (cujos fragmentos também figuram no dossiê), de uma teoria da ex-tradução, na qual se considera que "traduzir seria ler o melhor possível". Uma breve retomada dos ensaios pode ser útil para estabelece tal diálogo.

---

11 Sublinho que o *Folhetim*, da *Folha de S.Paulo*, no mesmo período (88/89), também começava a abrir espaço às traduções de poemas (com considerável abertura aos experimentalistas: Haroldo de Campos, Régis Bonvicino, Nelson Ascher), prática que permite o reconhecimento de uma ascendência bem datada.

Nos fragmentos sobre a tradução, o poeta romântico distingue três espécies: a mítica, a gramatical e a modificadora. A tradução mítica exporia o caráter puro, perfeito e acabado da obra de arte individual; e o autor ressalta a impossibilidade de atingi-la, posto que é idealizada. Sobre a gramatical, sublinha o caráter costumeiro com que depara-se com ela; tipo de tradução que exige muita erudição, mas apenas aptidões discursivas. A propósito da tradução modificadora, o poeta informa que, para ser genuína, requer o mais alto espírito poético. O verdadeiro tradutor dessa vertente, explicita Novalis (1989), tem de ser o próprio artista, para poder dar a idéia do todo a seu belprazer — *tem de ser o poeta do poeta*.

Em ensaio publicado no dossiê, o crítico Haroldo de Campos (1989, p. 94) estabelece uma vinculação com a tradução modificadora:

> Novalis, na *Poética* (fragmento 490), indaga: *Uma vez que se põem tantas poesias em música, por que não pô-las em poesia?* A tradução como *transcriação* é o pôr em poesia da poesia. Por isso mesmo, Novalis também definia o tradutor como o poeta do poeta. Nessa mesma seqüência de idéias o transcriador poderá ser visto como o ficcionista da ficção.

O percurso de Haroldo de Campos, no texto em questão, trata das reflexões sobre tradução do lingüista Roman Jakobson e do filósofo Walter Benjamin, para inserir sua teoria da *transcriação*. Em Jakobson, haveria uma física da tradução; em Benjamin, a sua *metafísica*; em Haroldo, o texto sugere a operacionalização da atividade criativa na tradução.

O crítico aborda a estratégia argumentativa do ensaio de Benjamin e reporta-se à teoria da *transcriação* como operação tradutória consoante com "A tarefa do tradutor", ao mesmo tempo que, no plano dos fatores intratextuais, considera a *transcriação* "a operação que traduz, no poema de chegada, a coreografia da função poética jakobsoniana surpreendida e desocultada no poema de partida" (CAMPOS, 1989, p. 95). Também pautado em Walter Benjamin, Nelson Ascher (1989, p. 142-157) opta por outro termo cunhado pelos irmãos Campos (desta vez, por Augusto de Campos) — a teoria da *intradução*. As doze teses expostas por Ascher explicitam o conceito: "se *tradução* significa, originalmente, conduzir (dução) através (tra) de, já em *intradução*, o *in* pode tanto ser um sufixo de negação quanto de inserção, enquanto *intra* indica penetração". A *intradução* se proporia a "conduzir, texto adentro, a um fim por definição inalcançável". Distinta da transcriação, a in-tradução (ou intra-dução) resultaria num texto-tradução que efetivamente penetra o texto original. Convém salientar que Ascher (1989, p. 154) também postula para a teoria da intradução o viés benjaminiano, inserindo em suas considerações algumas das reflexões de Benjamin a propósito das teses sobre a história.

> A história, por ser fenômeno ou fluxo, não pode ser fixada mas apenas *capturada enquanto imagem que lampeja* [...](Benjamin), ou seja, só pode ser evidenciada enquanto uma ausência presente. Esta existe somente na área da diferença (em seu contraste com a da semelhança). Assim, a intradução, ao enfatizá-la, colocando de pé a sombra com identidade e história próprias, acaba evidenciando a relação fundamental entre original e tradução, geradora de diferença: a história.

Nelson Ascher considera, pois, a história como resultado da conjugação de duas culturas ou idiomas distintos numa tradução.

A poeta e tradutora Ana Cristina Cesar (1989, p. 108-110) também escreveu sobre tradução em diversos de seus escritos e teve alguns fragmentos compilados pela revista. Ana Cristina Cesar detém-se ali na análise de dois tradutores renomados, também poetas — Manuel Bandeira e Augusto de Campos — enfatizando os efeitos e as peculiaridades das duas traduções (de Emily Dickinson e de e.e.cummings). Considera que, enquanto na primeira continua-se a ler o próprio Bandeira, "convidando-nos ao *plaisir de lire*", concentrando-se na reconfiguração de um tema favorito; no segundo caso, o tradutor parece rejeitar a questão do tema, a figuração, as sensações sentimentais, buscando agradar do ponto de vista técnico. Embora reconheça Augusto de Campos como um tradutor de categoria, Ana Cristina sublinha a explícita defesa, do poeta, de um determinado tipo de militância poética, correndo o risco, por vezes, de parecer excessivamente exigente, ou ainda, demasiado intelectual.

Os fragmentos de Sebastião Uchoa Leite (1989, p. 140-141), algumas páginas adiante, propõem um movimento inverso àquele referido por Nelson Ascher, ao tratar da tradução. Uchoa Leite delineia o seguinte movimento na operação de "extradução":

> Traduzir seria decompor o texto **de fora** dele, para tentar recompô-lo, enquanto que a produção seria uma operação desenvolvida de dentro para fora. [...]
> Há três séculos já, quis Diderot destruir o conceito ilusionista de interpretação no seu *Paradoxo do comediante*, no qual se defende a tese de que o ator não deve confundir-se com o personagem, mas vê-lo de fora, consciente do artifício da interpretação. [...]
> O tradutor se vive enquanto intérprete como o ator, na visão de Diderot e na moderna, vive o seu personagem: se

estranhando. Vive o seu paradoxo, que é o de querer ser fiel na diferença, dizendo o mesmo e dizendo fatalmente outra coisa.

Nesse sentido, o autor sublinha a função do tradutor: "compreender o outro na sua diferença e tentar interpretá-lo". Na entrevista que concede, já mencionada, Sebastião Uchoa Leite (1990) esclarece que o poeta não pode deixar de introjetar, mesmo traduzindo outro, a sua própria maneira de conceber as coisas. O autor discorda da atitude daquele poeta que busca a neutralidade com relação ao objeto que está traduzindo, porque resultaria em "uma coisa sem gosto". Com elogios aos poetas-tradutores, dentre os quais destaca Manuel Bandeira, Ana Cristina Cesar, Augusto de Campos e Décio Pignatari, o entrevistado coloca-se numa situação de quem opera distintos tráfegos, assim como reflete a prática do periódico. Ao tratar da própria produção poética, Sebastião Uchoa Leite assinala o diálogo com as dicções de Chico Alvim e Ana Cristina Cesar, que desenvolveram uma preocupação mais próxima da crítica da linguagem, ao mesmo tempo que o poeta afirma se identificar com outra trilha, de poetas como Régis Bonvicino, Nelson Ascher, Paulo Leminski, por sua vez, descendentes diretos da linhagem experimentalista. Talvez, também nessa encruzilhada, seja possível situar a própria revista, pois ela optou por ambas as trilhas, ainda que preponderasse uma aposta mais incisiva sobre o fim do lirismo. No que concerniu ao espaço dedicado à poesia em *34 Letras*, saliento que contemplou duas seções: inéditos e traduções (de consagrados). Nos inéditos, mesclaram poetas inéditos e poemas inéditos (de poetas nem tão inéditos, como o caso de Armando Freitas Filho). Nesta seção, os nomes mais recorrentes foram João Guilherme Quental, Rubens Figueiredo, Adriana Guimarães, Carlos Irineu da Costa e Armando Freitas Filho, ou seja, a maioria integrante do comitê organizador da revista.

Na derrubada de fronteiras que pretendia o periódico, a mescla de nomes consagrados e desconhecidos funcionou como legitimadora de um posicionamento teórico e de capital simbólico, visando à inserção de alguns nomes na esfera do campo intelectual, ao lado de autores que já desfrutavam de reconhecimento. Na trajetória da revista, três entrevistas com poetas registraram-se: João Cabral de Melo Neto, Augusto de Campos e Sebastião Uchoa Leite. Nas opções poéticas de *34*, observa-se, por exemplo, que não se abre espaço a nenhum poeta da antologia organizada por Heloísa. Além da produção criativa, constata-se que uma considerável parcela dos textos críticos se debruça sobre a análise de poemas. Resenhas ou ensaios, os objetos de estudo geralmente se restringem a uma parcela do grupo publicado (a dizer, os experimentalistas), criando um círculo vicioso, do tipo: Lino Machado, que escreveu sobre e traduziu Yeats, lido por Augusto de Campos, que escreveu sobre Dickinson, lido por Nelson Ascher, que escreveu sobre Augusto de Campos, e assim por diante.

Sobre a encruzilhada mencionada por Sebastião Uchoa Leite, parece que pode-se ler nela um prenúncio do que ocorreria na poesia dos anos 90. A *Inimigo Rumor* (Rio de Janeiro: Sette Letras), publicada desde 1997, ilustra o caso, ao abrigar tanto a linhagem experimentalista quanto a vertente lírica. Entretanto, quando trata-se de *34 Letras*, verifica-se que, no que diz respeito à poesia, a proposta de "dar conta da pluralidade" perde o efeito, na medida em que suas opções se restringiram a um determinado grupo.

O ALÍVIO PÓS-MODERNO

Diferentemente de *José*, *34 Letras* afirmava abrigar em suas páginas uma pluralidade de linhagens, sem que transparecesse qualquer indício de mal-estar. A revista, fruto do empenho de um grupo de estudantes da PUC do Rio, pareceu comemorar o final da ditadura das vanguardas e suas lógicas disjuntivas (traço ainda persistente e significativo em *José*, tendo em vista, por exemplo, a procura pelo antagonista, o ser contra ou ser a favor). *34 Letras* deu vazão à coexistência pacífica de várias vertentes: houve espaço para os críticos que publicavam em *José*, para o concretismo (que, mais timidamente, também aparece em *José*), para os estreantes acadêmicos e para o pensamento francês pós-estruturalista.

A inversão da hierarquia pôde ser detectada na direção da revista: enquanto em *José* havia um grupo de intelectuais que contava com certo reconhecimento e inserção no mundo acadêmico; em *34*, havia um grupo de estudantes que ainda não contava com a legitimidade de que os primeiros usufruíam. Desta vez, eram os estudantes que convidavam os professores[12] à par-

---

[12] Tendo em vista que alguns desses professores (Luiz Costa Lima e Silviano Santiago, por exemplo) pertenciam à PUC do Rio, de onde saía a revista, é pertinente delinear o perfil da crítica exercida nesta universidade. Além de ter sido alvo de polêmicas durante os anos setenta, já mencionadas, em virtude da incorporação do estruturalismo por alguns professores como Affonso Romano de Sant'Anna e Luiz Costa Lima, a atuação dos críticos daquele estabelecimento, ao propor novas formas de abordagem do texto literário, vinham modificar o cenário das letras brasileiras, opondo-se à metodologia que vigorava na USP. "A liberdade concedida ao exercício teórico na PUC-RJ seria uma constante a ser mantida durante toda sua existência. Curiosamente, o curso de pós-graduação em Letras daquela universidade se estruturou em torno da área de Literatura Brasileira, não apresentando variantes como Teoria Literária, Semiologia, Poética, etc., mas desde o início nele predominou um trabalho de assimilação das correntes teóricas em vigor na crítica literária internacional. Tal fato seria fundamental para a absorção de contribuições diferenciadas, dentre as quais destaca-se a de Silviano Santiago" (LIMA, 1997, p.97).

ticipação, em clara inversão dos papéis, indício da relativização proposta.

Outro pressuposto que me interessa retomar é o das referências teóricas mais freqüentes no periódico, que denunciam a problematização do esgotamento da modernidade como um tópico recorrente na revista. Sabe-se que a noção de uma consciência catastrófica da modernidade já aparece no século XIX em Nietzsche e no início do século XX em Benjamin, referências constantes em *34 Letras*, ao lado de Deleuze e Foucault. Marcam presença os autores de textos que impugnavam a noção de limite e questionavam a certeza das dicotomias modernas, por exemplo, a noção de centro e periferia. Nas páginas de *34*, o "cânon do apocalipse moderno", como Derrida denomina o quarteto — Hegel, Marx, Nietzsche e Heidegger —, foi referência constante, figurando dentre os vinte autores mais citados nos textos; da mesma forma que os praticantes da literatura de exaustão[13] — Mallarmé, Joyce, Borges. Vê-se, em *José*, a preponderância das referências ao modernismo brasileiro, sendo que os poetas e escritores, de uma maneira geral, aparecem muito mais freqüentemente citados que os filósofos, confirmando a literatura como o maior foco de interesse da revista.

Ao se pensar no sintoma do cansaço em *José*, a partir do poema drummondiano, é possível ensaiar uma articulação com a literatura de exaustão, mencionada em *34 Letras*. O cansaço, que traduz a saturação do conhecimento, ainda pressupõe o outro, enquanto o esgotamento fratura essa noção do outro e narra uma des-subjetivação. Verifica-se o deslocamento: a primeira revista opta pelo modernismo brasileiro triunfante, ao passo que

---

13 O crítico John Barth utiliza o termo para tratar dos textos que têm como herança o esgotamento da experiência do eu singular (Cf. MIRANDA, 1989).

a outra elege, preponderantemente, a tradição moderna européia como panteão.

Uma das causas dessa preponderância é que a revista abrigou, dentre os colaboradores, o "novo nietzscheanismo francês", como Vincent Descombes definiu a produção que vinha reiterar os pressupostos nietzscheanos. Ou, nas palavras de Hal Foster, a vertente pós-modernista-pós-estruturalista. Descombes (1979, p. 237) explicita, de forma sucinta, alguns fundamentos dessa perspectiva a partir das reflexões de Pierre Klossowski:

> La hipótesis del eterno retorno ocupa un gran espacio en la especulación de los nietzscheanos por una razón que há sido indicada por Klossowski: esta hipótesis, ante todo, quiere decir que nunca há habido *primera vez* (no hay origen) y que nunca habrá *última vez* (no hay final de la historia). Tesis cruel a oídos de los fenomenólogos, y de la que ya hemos observado algunos efectos en las desconstrucciones de Derrida. De ahí las paradojas desarrolladas com agrado por Klossowski: no hay *original*, el modelo de la copia ya constituye una copia, la copia es, pues, una copia de la copia; no hay *máscara hipócrita*, pues la cara cubierta por esta máscara ya constituye una máscara; no hay *hechos*, sólo interpretaciones, toda interpretación es, pues, la interpretación de una interpretación anterior; no hay *sentido próprio* de una palabra, sólo sentidos figurados, pues los conceptos no son sino metáforas disimuladas; no hay *versión auténtica* de un texto, sólo traducciones; no hay verdad, sólo imitaciones, parodias. Y así sucesivamente.[14]

---

14 Descombes cita Klossowski a partir da conferência "Nietzsche, o politeísmo e a paródia" (1957), que foi publicada nas páginas da revista *34 Letras*, n. 7, mar. 1990. O texto também consta em *Un si funeste désir*. Paris: Gallimard, 1963.

Ao bascular a ficção e a teoria, ao deslocar as fronteiras e impugnar a noção de hierarquia, a revista procurou refletir o espírito das referências que publicava. Entretanto, talvez, o que causava certo desconforto na leitura do periódico era o caráter "democrático" que a revista assumia, ao utilizar a estratégia de des-hierarquização, no sentido de que publicava textos de autores "consagrados", ao lado de autores, por vezes, "iniciantes".

A publicação provocou uma sensação de alívio e de desconfiança: alívio, demonstrando a viabilidade, ao menos inicial, de um projeto editorial ousado que testemunhava a produção cultural do período, e, podendo-se acrescentar, a possibilidade da parceria com o capital privado; desconfiança, na medida em que se percebia certo "adesismo", no sentido de legitimar nomes desconhecidos ao lado de consagrados e de pós-consagrar o concretismo, como a viabilidade para a poesia, questão já abordada anteriormente.

Fredric Jameson (1996, p. 317) utiliza o termo — *alívio pós-moderno* — para tratar da liberação da produção cultural contemporânea, ao mesmo tempo que detecta a despotencialização dos textos modernos, ao serem retemperados. Em suas palavras, o alívio pós-moderno é

> [...] um estrondoso desbloqueio e liberação de uma nova produtividade que estava de algum modo tensionada e congelada, endurecida como um músculo com cãibra, no final do período moderno. [...] Nunca é demais ressaltar a importância simbólica do momento (na maioria das universidades americanas, entre o final dos anos 50 e o começo dos anos 60), em que os 'clássicos' modernos fizeram sua entrada no sistema escolar e nas bibliografias de curso das faculdades [...]. Isso, a seu modo, representou uma espécie de revolução, com conseqüências inespe-

radas, forçando o reconhecimento dos textos modernos ao mesmo tempo que os despotencializava, como o que ocorre com antigos radicais ao serem nomeados para um cargo no governo.

A partir daí, já se indicou, pode-se pensar no caráter de ambivalência dessa inserção: a partir do momento em que os "clássicos" modernos dão entrada no cânone, correm o risco de perder o caráter contestatório de que outrora estavam imbuídos. É o que já acontecia na *José* com referência ao modernismo. Em *34 Letras*, li os dois movimentos do referido "alívio pós-moderno": tanto a constatação do desbloqueio, quanto a reedição de uma série de textos modernos que, em seu contexto, eram de uma radicalidade enfática. Isso me remete ao percurso das vanguardas, já mencionado, cujas atitudes se despotencializam na medida em que são absorvidas e cooptadas pela cultura de *mass media* ocidental. E, nesse sentido, é preciso reconhecer hoje a obsolescência das técnicas de choque da vanguarda. Retomando o argumento de Peter Bürger, pode-se afirmar que os movimentos europeus de vanguarda e, na mesma chave, o modernismo brasileiro dos anos 20, inicialmente, podem ser definidos como ataques ao *status* da arte na sociedade burguesa, impugnando não um estilo artístico, mas sim a instituição arte em sua separação da *praxis*[15]. Na tentativa de reintegrar arte e vida, a

---

[15] Peter Bürger (1993, p. 101) enfatiza: "[...] quando os vanguardistas demandam a exigência de que a arte volte a ser prática, não querem dizer que o conteúdo das obras seja socialmente significativo. A exigência não se refere ao conteúdo das obras; vai dirigida contra o funcionamento da arte na sociedade, que decide tanto sobre o efeito da obra como seu particular conteúdo." Ou seja, não se tratava de buscar a militância, mas uma aproximação da praxis visando permitir a capacidade de criticá-la, afastando-se do esteticismo. Bürger chama a atenção, entretanto, para o cumprimento das intenções dos movimentos vanguardistas na sociedade do capitalismo tardio como uma advertência funesta. "Devemos perguntar-nos, desde a experiência da falsa

vanguarda funcionou no sentido de libertar a tecnologia de seus aspectos instrumentais, minando a noção burguesa de tecnologia atrelada ao progresso e a idéia de arte "autônoma" e "orgânica" (HUYSSEN, 1997). O sentido de provocação das manifestações vanguardistas perde o vigor na repetição das estratégias, que passam a ter outros propósitos: retoma-se a atitude vanguardista com o propósito de, justamente, conquistar a entrada no museu e o reconhecimento do público. Nesse viés, o concretismo é exemplo emblemático.

Na mesma perspectiva, é pertinente falar de uma ambivalência detectada na apropriação dos textos consagrados: ao afirmá-los, deslocando-os para um espaço em que se alternam com textos isentos do capital simbólico que aqueles carregam, postulam uma equivalência e o aval simbólico de reconhecimento, requisitando legitimidade ao periódico e aos autores "estreantes". Na retomada que *34 Letras* promoveu dos "clássicos" do moderno, por exemplo, tanto pode-se ler uma recuperação dos questionamentos e da radicalidade que estes textos carregam, quanto a postulação de um capital simbólico que paira sobre esta produção, com vistas a favorecer o reconhecimento do periódico, assim como dos outros autores que ali publicaram. Conseqüentemente, ao promover o cânone, o periódico carregou a ambivalência do ato. A esse respeito, Fredric Jameson (1996, p. 307) assinala que

> [...] os 'clássicos' do moderno podem certamente ser pós-modernizados, ou transformados em 'textos', se não em precursores da 'textualidade': as duas operações são relativamente diferentes, uma vez que os precursores —

---

superação, se é desejável, em realidade, uma superação do status de autonomia da arte, se a distância da arte com respeito à praxis vital não é garantia de uma liberdade de movimentos no seio da qual se podem pensar alternativas à situação atual"(BRUGER, 1993, p. 110).

Continuidades Efêmeras

Raymond Roussel, Gertrude Stein, Marcel Duchamp — sempre tiveram uma certa dificuldade de se enquadrar no cânone modernista. Eles são os casos exemplares e as testemunhas oculares apresentados para comprovar a identidade entre o modernismo e o pós-modernismo, uma vez que, em suas obras, pequenas mudanças, uma mera troca perversa de posições, transformam o que deveriam ser os valores estéticos do mais clássico alto modernismo em algo desconfortável e remoto (porém mais próximo de nós!). É como se eles formassem uma oposição no interior da própria oposição, uma negação estética da negação; contra a já anti-hegemônica arte de minoria do moderno, eles encenaram sua rebeldia privada ainda mais minoritária e privada, que, é claro, se tornará por sua vez canônica quando o moderno se congelar e se transformar em peça de museu.

Convém acrescentar ainda que, do ponto de vista do autor, o "alívio pós-moderno" gera a seguinte situação:

> [...] os vários rituais modernistas ficam deslocados e a produção da forma novamente se torna aberta para quem quiser se comprazer com ela, mas a seu próprio preço, a saber, a destruição preliminar dos valores formais modernistas (agora considerados 'elitistas'), além de outras categorias fundamentais relacionadas a eles, tais como obra e sujeito. [...] O jogo da forma, a produção aleatória de novas formas e a alegre canibalização das velhas formas não nos levarão a um estado de espírito relaxado e receptivo no qual, por uma feliz coincidência, uma forma 'grande' ou 'significativa' acabe por surgir. (De qualquer maneira, parece possível que o preço por essa nova liberdade

textual esteja sendo pago pela linguagem e pelas artes lingüísticas, que batem em retirada diante da democracia do visual e do auditivo.) O estatuto da arte (e também da cultura) teve que ser irrevogavelmente modificado para assegurar essas novas produtividades e não pode voltar a ser o que era, a nosso bel-prazer (JAMESON, 1996, p. 321).

Ler o "alívio pós-moderno" em *34 Letras* é, então, reconhecer a canibalização do cânone modernista. Observe-se o discurso ritual de *34*: coloca-se fora do mercado, denominando-se "não comercial", e assume a pluralidade, porém, canônica.

De qualquer modo, vale lembrar que a revista apareceu luxuosa esteticamente, apesar de o conteúdo vir mesclado com textos de qualidades diversas. Ao descartar o dilema e questionar, com algumas estratégias, toda sorte de hierarquia, *34* pretendia propor os vários caminhos para a literatura, que desembocaram, ao que parece, numa alternativa de "sair" da literatura.

Ainda que o periódico apresentasse como proposta o abandono do julgamento — e aqui precisa-se levar em conta que toda escolha é arbitrária e implica, sim, julgamento de valor —, procurando gerar o choque entre posicionamentos e linhagens, detecta-se um leque de preferências e de rechaços compartilhados pelo círculo de colaboradores mais regulares do periódico. Há uma opção evidente, por exemplo, pela literatura do alto modernismo e o tema cultura de massa aparece timidamente. Como no primeiro número, em que se publica um artigo de Antônio Mafra, crítico da revista *Visão* e *Jornal da Tarde*, em que o autor tece comentários sobre a atividade crítica musical, o texto aparece deslocado dentro do periódico. Talvez se possa ler tal texto como provocação ao embate. Ao lado de textos de Luiz Costa Lima, Fernando Pessoa, T.S. Eliot, Antônio

Continuidades Efêmeras

Mafra (1988, p. 54-55) assume um tom coloquial e de depoimento. Veja-se um fragmento, que ilustra a falta de critérios convincentes para o discernimento da boa música *pop*:

> Eu, que gosto de fazer o que chamo de criticagem — uma mistura de crítica com reportagem, onde introduzo algumas informações artístico-biográficas do criticado —, gostaria de dizer a todos os que foram alvo de minhas críticas que meu critério é absolutamente pessoal. Eu gosto ou não gosto. Vou ao show. Se gosto, se o trabalho me impressiona, tudo bem: minhas palavras revelarão isso. Se não, da mesma forma. Tenho, como critério, respeitar o alvo. Mesmo que seja o exemplo mais execrável de artista, se ele chegou naquele patamar de merecer a atenção das minhas mal traçadas linhas e do órgão em que estou escrevendo, deve ser respeitado. Humano, admito que às vezes me comportei com humildade. Outras vezes, com intolerância. Mas jamais grosseiro, desrespeitoso. E olha que certos astros mereciam porradas bem dadas.

Dessa forma, Mafra propõe um retorno ao impressionismo, despojado de erudição. No fim do artigo, o autor afirma em tom categórico:

> A indústria cultural [sic] elegeu o brega como a moda. O momento é brega. Então, tome Rosana, Xitãozinho e Xororó, Patrícia, Dominó... E todo mundo quer receber a pecha. É bom [sic], vende, lota. Como a crítica resolve esta questão, uma vez que é preciso identificar os verdadeiros bois dos bois-de-piranhas? [...]
> A crítica, repito, deve saber descobrir e revelar quando um disco é feito para saciar certos anseios mercantis, puramente mercantis (como foi o caso do *Quatro Coiotes*, o

último disco do RPM). E elogiar mesmo assim, caso o produto, mesmo envolvido numa aura pouco aceitável, assim o mereça (MAFRA, 1988, p. 57).

Em suma, há espaço para se falar da indústria cultural, ainda que muito restrito. O texto mencionado destoa da especialização e dos posicionamentos dos outros artigos, e o discurso "anti-indústria cultural" também aparece na revista.

Assim, apesar de as fronteiras entre a arte erudita e a cultura de massa se tornarem cada vez mais fluidas, minha hipótese é a de que o discurso do Grande Divisor[16] das águas ainda persistia na revista. Andreas Huyssen sublinha que a barreira intransponível nas sociedades capitalistas, teorizada por Adorno, o "téorico *par excellence* do Grande Divisor", serviu para o projeto cultural do final dos anos 30, mas se esgotou para ser substituído pelo paradigma do pós-moderno, "que é em si tão diverso e multifacetado como o modernismo o foi, antes de ser mumificado e virar dogma" (HUYSSEN, 1997, p.12), promovendo, portanto, o esmaecimento das divisas entre a alta arte e a cultura de massa. Dessa forma, a dicotomia vem sendo posta em xeque de várias formas nos últimos vinte anos. Huyssen (1997, p. 61) acrescenta, sobre a cena cultural contemporânea:

---

16 Valho-me da metáfora utilizada por Andreas Huyssen, em *Memórias do modernismo* (1997), para identificar "o tipo de discurso que insiste na distinção categórica entre alta arte e cultura de massa. [...] A crença no Grande Divisor, com suas implicações estéticas, morais e políticas, predominou na academia até os anos 80 (veja-se, por exemplo, a quase total separação institucional entre os estudos literários, incluindo a nova teoria literária, e a pesquisa sobre cultura de massa, ou a insistência, muito difundida, em excluir questões éticas ou políticas do discurso da literatura e da arte). Mas ela foi sendo cada vez mais posta em xeque pelos recentes desenvolvimentos das artes, do cinema, da literatura, da arquitetura e da crítica." Huyssen (1997, p. 9) enfatiza ainda que, depois da vanguarda histórica, o pós-modernismo também vem desafiar a "canonizada dicotomia alto/baixo".

Continuidades Efêmeras

[...] parece claro que os usos que a alta arte faz de certas formas de cultura de massa (e vice-versa) têm cada vez mais borrado as fronteiras entre as duas; onde havia o grande muro modernista, que costumava manter os bárbaros do lado de fora e a cultura do lado de dentro, protegida, há hoje apenas um terreno movediço que pode se mostrar fértil para alguns e traiçoeiro para outros.

Suspeito, entretanto, que apesar da proposta do periódico - "propor cenários possíveis para os percursos literários; nunca condenar ou excluir, sempre acrescentar" (EDITORIAL, 1988, p. 4) -, observa-se clara preponderância pelo circuito da arte erudita. Ao se definir como uma revista de literatura, *34* deparou-se com a problemática da delimitação: "Mas o que é literatura, onde estão suas fronteiras? Impossível determiná-las sem recorrer a uma arbitrariedade inútil. Melhor dizer que é uma revista **em torno de** literatura" (EDITORIAL, 1988, p. 4). Escapou da delimitação, mas, ao fazer as opções, demarcou suas escolhas, seu *panthéon* dourado.

Ressalte-se que *34 Letras* promoveu, também com critérios perceptíveis, a inserção do cinema, da história em quadrinhos e da música na esfera da arte, mas cabe acrescentar, entretanto, que a revista elegeu determinados tipos de produção já legitimados na esfera "cult". Cito alguns exemplos: no caso do cinema, elegeu Andrei Tarkovski, Wim Wenders, Raul Ruiz e Anselmo Duarte; nos quadrinhos, deu destaque aos americanos X-MEN (década de 60) e Krazy Kat (início do século); na música, tratou da eletroacústica, tomando como referência os comentários de compositores renomados -Stravinski, Edgar Varèse, Claudio Monteverdi e Rodolfo Caesar. As escolhas denunciam a inscrição na esfera de arte culta, mantendo, mesmo que de forma elíptica e obscura, a distinção entre o conceito de arte elevada, superior, e as zonas "baixas" da cultura, da arte contaminada pelo lucro.

É possível afirmar, diante das escolhas, que, apesar de uma proposta de abandono do julgamento de valor e da conseqüente definição de um cânone, as opções do periódico situavam-no exatamente na esfera de uma arte para poucos, visando aos acadêmicos e aos *connaisseurs*. A revista ensaiou o salto no muro (entre cultura letrada e cultura de massa), o trânsito entre/nas duas esferas, mas inexoravelmente optou, com explícita preponderância, por escolhas que pertencem à cultura erudita. Nesse sentido, teve um pé no discurso do Grande Divisor, sendo que as fronteiras ainda persistem. Assim, *34 Letras* se constituiu como uma revista dirigida aos pares, a um público restrito e bem definido, que dominou o jargão e reconheceu os valores e o cânone que a revista celebrou. Com pretensões de ser a *top* de linha, ainda que atestasse que não aspirava se constituir como a revista, *34* lançou mão de um visual arrojado que impressionava tanto pela qualidade técnica, pelo esteticismo, quanto pela presença de intelectuais em evidência no circuito acadêmico brasileiro e internacional. Dessa forma, acabou sendo emblemática como uma revista modernista, não no sentido brasileiro, mas mantendo a característica da permanência de um conceito de arte elevada, dirigida a um público seleto e conhecedor. Ao mesmo tempo que afirmou o discurso do Grande Divisor, o periódico se valeu de uma estilização que borrou as fronteiras (de hierarquias, de nacionalidades), o que acabou compondo eficiente estratégia de marketing.

Guernica - Uma Estratégia Textual

A mais intrínseca lei formal do ensaio é a heresia.

(Adorno)

Em *34 Letras*[17], que não foge à regra da maior parte dos periódicos latino-americanos, o ensaio[18] era o gênero textual preponderante. Sabe-se que se trata de um gênero híbrido por excelência, mescla do rigor científico com artifícios ficcionais, e que, a este propósito, se desenvolve o célebre texto de Adorno (1986). O pensador frankfurtiano teoriza sobre o gênero, esclarecendo que o ensaio não compartilha a regra do jogo da ciência e da teoria organizadas, não almeja uma construção fechada, dedutiva ou indutiva. Antes, suspende a idéia tradicional de verdade e questiona o conceito de método. Adorno (1986, p.167-187) afirma ainda que

> Ele [o ensaio] se revolta contra a doutrina, arraigada desde Platão, segundo a qual o mutável, o efêmero, não seria

---

17 Dos textos publicados na revista, 38,8% do total eram ensaios, e os poemas praticamente empatam nesta recorrência, somando 35,9%.

18 Em 1580, Michel de Montaigne, vivendo numa época plena de transformações e assistindo a uma revisão de valores estéticos, morais e materiais do mundo, época de transição da cultura medieval definhante com a era moderna embrionária, empregou o termo ensaio (*Essais*) em suas obras, consagrando o direito de o sujeito individual expressar sua experiência pessoalizada do mundo, sem recorrer a modelos legitimados. Montaigne não só empregou o termo, mas se utilizou da forma, ou seja, é mister assinalar essa trama textual: o autor parte do estudo de si mesmo, "de um homem", para alcançar o conhecimento "do homem", transitando do particular ao geral, sem pretensão de totalidade. Nas palavras introdutórias à tradução dos *Essais*, Sérgio Milliet sustenta: "seu verdadeiro pensamento ultrapassa esse *eu*, abarca o universo humano. Ninguém mais do que ele se acomoda às formas contrárias às suas; ninguém mais do que ele toma de empréstimo alguns traços alheios para tornar agradável sua pintura e sem a pretensão de desenhar o próprio retrato" (MONTAIGNE, 1961, p.23).

digno da filosofia; revolta-se contra essa antiga injustiça cometida contra o transitório, pela qual ele é mais uma vez condenado, no plano do conceito. [...] É inerente à forma do ensaio a sua própria relativização: ele precisa compor-se de tal modo como se, a todo momento, pudesse interromper-se. Ele pensa aos solavancos e aos pedaços, assim como a realidade é descontínua; encontra a sua unidade através de rupturas e não à medida que as escamoteia. [...] A descontinuidade é essencial ao ensaio; seu assunto é sempre um conflito suspenso.[19]

Nesse pensar aos solavancos, o ensaio escapa à forma rígida, instaurando-se no transitório e fugindo à totalização do saber. Considerado gênero menor na Europa desde o século XVIII, é na "periferia" que o ensaio encontra condições para proliferar. Na América Latina, por exemplo, se constitui forma recorrente à qual os críticos valem-se para ocupar uma posição ou discuti-la, dando formas a uma tradição.

A pesquisadora Luz Rodríguez (1998) sublinha a importância do ensaio[20] para os pensadores latino-americanos diante da necessidade de desenvolver estratégias de sobrevivência inte-

---

19 É preciso acrescentar, entretanto, que Adorno (1986) irá denunciar a apropriação do ensaio pela indústria cultural.

20 Neste ensaio-conferência, a crítica e pesquisadora argentina, ao abordar a cultura ocidental pautada pelo mito binário chamado modernidade, cujos elementos, a Razão e o Instinto, se opunham e se excluíam, toma como exemplo paradigmático o caso de *Facundo*, de Sarmiento, para refletir sobre a questão da identidade e demonstrar como a literatura latino-americana reflete sobre o paradoxo civilização e barbárie. Assim, enfatiza as estratégias utilizadas por esses pensadores "periféricos", ao problematizarem o mito da modernidade, afirmando tanto o outro quanto o mesmo. O ensaio aparece como o gênero discursivo favorito desses pensadores, visto que "utiliza todas las estrategias posibles, vengan de donde vengan, no sólo para convencer, sino también para persuadir y seducir" (LUZ, 1998, p.19).

lectual que lhes permitissem manter-se sobre o fio da navalha, sem cair em nenhum dos abismos da oposição binária, a dizer, civilização e barbárie, razão e instinto.

[Los pensadores latinoamericanos] tuvieron que aceptar el axioma excluyente de la modernidad - afirmación o negación, ser el mismo o el outro - pero lo sabotearon con las técnicas del ensayo: una manera de razonar y de pensar que expone las ideas en forma de opiniones personales y provisionales. [...] No era considerado literario porque prevalecía en él la exposición de ideas más que la imaginación: pero tampoco era aceptado como prosa científica por dos razones: su predilección manifiesta por los asuntos sujetos a controversia que no admiten juicios definitivos e inequívocos, y la utilización de anécdotas ficticias o poco verificables para confirmar o apuntalar las ideas expuestas (RODRÍGUEZ, 1998, p. 20).

O ensaio surge em contraponto ao tratado, que buscava dar conta de totalidades, sem espaço para a dúvida ou para a ficção. Essa forma híbrida segue "una lógica de la experimentación que deja que las ideas emerjan a la vida sin un acabamiento absoluto" (FORSTER, 1990, p. 20), onde se observa a preponderância da suspeita em detrimento da certeza. Em suma, a estratégia do ensaio vale-se de uma lógica da suspeita frente aos saberes constituídos.

Assim, o ensaio funciona como texto estratégico, que muito serviu ao pensamento latino-americano, que abre mão das certezas, dos juízos definitivos e das verdades acabadas para refletir sobre possibilidades, suspeitas, dando conta de uma tradição em formação. Convém assinalar, entretanto, que existem níveis distintos de densidades de interpretação nesses textos, e é o que percebe-se na leitura de *34 Letras*.

Além da recorrência do ensaio na revista, cabe ainda destacar outra estratégia recorrente: a disposição dos novos textos ensaísticos alternados com fragmentos de ensaios de escritores e filósofos, já publicados e consagrados. Ou seja, não se tratava, no caso, de ocupar o espaço com novas traduções ou textos inéditos no Brasil, mas re-publicar fragmentos de autores canônicos, já traduzidos para o português, funcionando como uma sorte de legitimação dos outros textos.

As tensões das perspectivas dos textos publicados foram evidentes e faziam parte da própria estratégia da revista, que intercalava fragmentos de textos de autores consagrados, geralmente de outras épocas, e ensaios escritos por contemporâneos. Os arranjos eram feitos de modo a provocar confrontos, reeditando antigas polêmicas, sem nenhuma historicização, mas que definiam, pelas próprias escolhas arbitrárias, critérios nos quais pode-se ler um posicionamento do periódico. Assim, é interessante pensar sobre a função dos fragmentos que se, por um lado, serviam de contraponto aos ensaios, reativando as discussões e depondo pela ausência de julgamento, segundo o que propunha aquele primeiro editorial, por outro, serviam para demarcar as escolhas, ao optar por autores como Machado de Assis, Fernando Pessoa, Goethe, Baudelaire, Tolstoi, Victor Hugo, e tantos outros detentores de capital simbólico (diga-se de passagem, com predomínio dos europeus). Os fragmentos recebiam um estatuto diferenciado dos ensaios no sumário da revista, figurando, inicialmente, com a rubrica "fragmentos de textos", e, mais tarde, sem nenhuma menção. É preciso acrescentar também que o fragmento, na maior parte das vezes, era produzido pela revista, ao recortá-lo de seu contexto.

Para abordar tal estratégia, recorro uma vez mais ao crítico norte-americano Fredric Jameson. Tendo na bagagem uma trajetória marxista, o autor abandona toda ortodoxia para refletir sobre a cena contemporânea, pensando a pós-modernidade como

> [...] um novo dilema historicamente original, que envolve nossa inserção como sujeitos individuais em um conjunto multidimensional de realidades radicalmente descontínuas, cujas molduras vão desde os espaços sobreviventes da vida privada burguesa até o descentramento inimaginável do próprio capital global (JAMESON, 1996, p.408).

Então, ao analisar as manifestações culturais inscritas na lógica do capitalismo tardio, Jameson considera a cultura da sociedade de consumo um complexo flutuante de signos e imagens fragmentárias que produz uma incessante interação que desestabiliza significados simbólicos e uma ordem cultural há muito tempo mantidos. Abordando a produção cultural pós-moderna, Jameson (1996, p. 118) assinala que, nessa lógica,

> [...] a referência e a realidade [do signo] desaparecem de vez, e o próprio conteúdo — o significado — é problematizado. Resta-nos o puro jogo aleatório dos significantes que nós chamamos de pós-modernismo, que não mais produz obras monumentais como as do modernismo, mas embaralha sem cessar os fragmentos de textos preexistentes, os blocos de armar da cultura e da produção social, em uma nova bricolagem potencializada: metalivros que canibalizam outros livros, metatextos que fazem colagem de pedaços de outros textos [...].

34 Letras lança mão da prática da bricolagem, colando excertos de textos entre os ensaios e propondo um diálogo de vários momentos e perspectivas em relação a um determinado tema. O resultado é uma mistura de fragmentos esparsos sobre uma temática, a partir dos quais o leitor pode operar a leitura de diversas redes da crítica, provocando um embaralhamento peculiar às estratégias pós-modernas.

Nesse emprego do fragmento, pode-se dizer que novamente se vê entrar em cena o risco da ambivalência, em que aparece outro regime de tensão. Explico: alguns autores postulam o fragmento com uma função contestatória, vinculando-se a uma vertente benjaminiana, e outros o empregam despojado de tal politização, em que prevalece um uso com mais ênfase no visual do que na fragmentação de um antigo saber. Trata-se de outro risco constante que assume a revista. A estratégia é, em linhas gerais, a seguinte: dispor os fragmentos de forma que se provoque o choque entre as idéias expostas nos ensaios e nesses cacos, estabelecendo um regime de tensão, sem uma contextualização dos debates e dos textos, salvo a indicação do ano em que o texto se publicou. Há casos, porém, que os fragmentos vêm re-afirmar outros artigos, constituindo-se estratégia de legitimação e estabelecendo um diálogo entre autores a partir dos recortes efetuados; estratégia exemplificada quando se comentou o dossiê sobre tradução.

Com vistas a ilustrar o choque mencionado com a inserção dos fragmentos, cito um caso, entre outros, que o número inaugural oferece no dossiê de ensaios sobre a crítica: trechos de um texto de T. S. Eliot entre o ensaio de Rubens Figueiredo e o de Antônio Mafra.

Eliot esboça sua perspectiva sobre a função do crítico literário, trata de suas contribuições críticas e o que considera as limitações de alguns métodos. Nos fragmentos que a revista publica, Eliot sublinha que a função da crítica literária é promover a compreensão e a apreciação da literatura, estando aí implícita a tarefa secundária de identificar e apontar o que não deve ser apreciado. Na sua concepção, o propósito do crítico

> [...] é livrar-nos das limitações de nossa própria época, e ao poeta, cujas obras estamos lendo, das limitações de sua época, a fim de ganhar a experiência direta, o contato imediato com sua poesia. O que mais importa, digamos, ao ler uma ode de Safo, não é que me imagine numa ilha grega há 2500 anos. O que importa é a experiência, que é a mesma de todos os seres humanos de diferentes séculos e idiomas, capazes de apreciar poesia; é a centelha que consegue atravessar esses 2500 anos. Portanto, o crítico a quem sou mais agradecido é aquele que consegue fazer-me ver algo que eu jamais vira antes, ou que vira apenas com os olhos nublados de preconceitos, aquele que me coloca frente a isso, para depois deixar-me a sós (ELIOT, 1988, p. 51-53).

Nesse sentido, Eliot considera tarefa do crítico ajudar os leitores a compreender e a apreciar, sendo que, para bem legislar, o crítico deve ser "um homem completo, um homem de convicções e princípios e com conhecimento e experiência de vida"[21].

Volto agora às proposições do escritor Rubens Figueiredo (1988, p. 50), que afirma o novo como valor — "Idéias literárias novas provêm de obras novas. Ainda que ruins, péssimas" — e defende a necessidade de o crítico "privilegiar a produção literária de seu país, de sua língua", que seria a "única forma de extrair o seu verdadeiro significado cultural". Ao clamar por uma perspectiva mais próxima de nossa realidade,

---

21 Ibidem, p.53.

Figueiredo afirma a ausência de responsabilidade dos "comentaristas" brasileiros, que insistem em escrever sobre escritores que já fazem parte do cânone ocidental. O que falta ao crítico literária no Brasil? Ele responde:

> Para aguçar sua aplicação crítica, seu juízo, ele precisa privilegiar a produção literária de seu país, de sua língua, pois o contato com o texto novo, ainda não catalogado e estabelecido, é que exigirá dele as genuínas qualidades de um intelectual. [...] O embate com o autor que é seu contemporâneo, seu vizinho, que esbarra com ele no supermercado, longe das mitologias literárias, é que lhe permitirá dar uma contribuição original à cultura de sua época, à literatura de seu tempo, de sua língua (FIGUEIREDO, 1988, p. 50).

O tom inconformado do escritor Rubens Figueiredo (1988, p. 49) tem alvo definido: "a barbárie de afirmativas inconseqüentes como a que se viu há pouco, quando se disse e repetiu não haver obras e autores novos importantes nesta última década." Em outras palavras, não importa a qualidade das obras, desde que sejam escritas por contemporâneos, de preferência do próprio país, servindo de material de análise crítica. Poderia-se fazer um contraponto: enquanto Eliot solicita do crítico o discernimento entre a arte e a "não arte", para cumprir a tarefa de legislar e louvar a "boa" literatura, Rubens Figueiredo enxerga no "novo" (leia-se o contemporâneo) e no nacional critérios para o crítico se pautar.

Em outro ponto de tensão se instala o já citado Antônio Mafra (1988, p. 55), ao ensaiar a "Radiografia de uma crítica no país semi-analfabeto", quando se debruça sobre os diferentes tipos de críticos de música, dispensando o da erudição acadêmica:

Tem gente que demonstra, com ranço professoral, conhecimentos musicais. Talvez queira impressionar o alvo de suas críticas e se mostrar algo hermético perante o leitor comum. Afinal, um pouco de erudição sempre conta nesse país semi-analfabeto. Outros fazem tipo, gostam de polemizar, mostrar-se 'antenas' (aspas ultranecessárias) da raça – aqueles que captam os sinais da modernidade/ atualidade [...].[22]

Ao se valer de uma linguagem coloquial, o que por si causa estranhamento em relação ao conjunto de textos publicados na revista, Antônio Mafra, rememoro, também impõe uma posição peculiar frente aos produtos da cultura de massa. Os textos publicados em *34* freqüentemente ou apostaram numa posição crítica aos produtos destinados ao grande público, ou simplesmente abordaram outro tipo de produção, destinada a um público seleto. No artigo, Antônio Mafra trata das estratégias das grandes gravadoras para demonstrar que é preciso conhecer os meandros do mercado para situar a crítica de música. Assim, seria tarefa do crítico identificar quando certo produto vem apenas suprir os "anseios mercantis", sem deixar, porém, de elogiá-lo, caso o mereça.

Note-se o confronto promovido com o enxerto do fragmento de Eliot entre os dois textos, peça de provocação ao embate, colocando em jogo os critérios de valor com que cada crítico procede a suas análises.

A partir dessa estratégia da revista, de apresentar as diversas perspectivas sem tomar partido, pode-se ler um argumento do músico e compositor Pierre Boulez, considerado por

---

[22] No ensaio de T. S. Eliot, onde a erudição é bem-vinda, enfatiza-se as contribuições dos críticos professores e professores críticos.

Zygmunt Bauman (1998, p. 131) um notável analista da cultura contemporânea, ao mencionar os riscos da pluralidade, quando admite que "[...] a reticência em tomar uma posição, a aceitação incondicional do pluralismo e certa generosidade liberal que caracterizam o nosso tempo criam uma situação em que 'tudo é bom, nada é ruim; não há quaisquer valores, mas todos são felizes'".

A apropriada análise de Boulez leva a pensar sobre os riscos da tolerância incondicional que, se não era o propósito explícito de *34 Letras*, visto que a revista propôs, grosso modo, um cânone essencialmente moderno, parece constituir-se um risco, ao pretender dar conta da pluralidade de uma gama de posicionamentos, de estéticas, de linhagens. E, nesse sentido, já foi sublinhado a confluência às páginas do periódico de poetas, tradutores, artistas plásticos, filósofos, professores, sociólogos, estudantes, escritores e críticos de variadas tendências. Convém retomar novamente a pretensão da revista ditada no primeiro editorial, de "nunca condenar ou excluir [percursos literários], sempre acrescentar"(EDITORIAL, 1988, p.4). Ao se isentar de qualquer julgamento, caiu como uma luva o prognóstico de Boulez: "tudo é bom, nada é ruim". Entretanto, trata-se de um prognóstico que, no caso da revista, ora funcionou, ora não: ele serviu enquanto *34* exibiu, na mesma vitrine, certo ecletismo de linhagens; porém, também o refutou, conforme defendeu uma concepção de arte "erudita".

Enquanto a pluralidade parecia se constituir um dilema para *José*, que buscava, sobretudo nos debates, uma saída ou um denominador comum, em *34 Letras* a pluralidade assumiu outra função: a de legitimar a democracia do veículo, pretendendo dar conta das várias facetas da arte contemporânea. Dessa forma, se *José* vivenciou a crise em busca de um consenso, *34* desconheceu a angústia e esteve sob a égide do dissenso.

A ASCENSÃO DO INTÉRPRETE

Para refletir sobre a prática intelectual a partir de *34 Letras*, relacionando-a com a de *José*, parece pertinente partir de algumas considerações acerca do debate modernidade/pós-modernidade, verificando as conexões e, sobretudo, as tensões entre os dois termos, que trazem embutidos estratégias e questionamentos distintos, a fim de melhor contemplar a emergência de duas metáforas que servem neste trabalho: a crise do intelectual "legislador", já mencionada, e a ascensão do "intérprete", que serve para ler o perfil do crítico de *34*.

Apesar de esse ser um tema fecundo e marcado por uma profusão de polêmicas, não se tem aqui a pretensão de uma análise exaustiva sobre o mencionado debate, mas arrisca-se um esboço da querela com vistas a introduzir a questão para verificar as mudanças nas manifestações da cultura contemporânea e a inserção da revista nesse contexto. A intenção não é celebrar nem condenar a pós-modernidade, mas tentar perceber como as estratégias da revista respondem à sua lógica.

Se a década de 60 é lida como o momento de ruptura e de emergência de um novo estatuto da sociedade que se delineia a partir das grandes transformações sociais e psicológicas daquele decênio, é sobretudo na década de 70 que Jean-François Lyotard, Fredric Jameson, Jean Baudrillard, dentre outros pensadores, lêem as manifestações sociais, políticas e sobretudo culturais, suas transformações e implicações como fenômenos da pós-modernidade, enquanto Jürgen Habermas alimenta o debate tratando a modernidade como projeto inacabado. No ringue brasileiro, poderia-se situar, no primeiro time, os adeptos da leitura da pós-modernidade, Silviano Santiago, Italo Moriconi, Wander Melo Miranda, para citar alguns que contribuíram nas páginas de *34*, apesar de não se utilizarem do termo na revista.

As exceções, no caso, são fornecidas por Hans Ulrich Gumbrecht e Jeanne Marie Gagnebin. O primeiro, em entrevista publicada no segundo número, define o conceito e suas implicações, valendo-se de três conceitos básicos:

> [...] o primeiro seria a destemporalização ou simultaneidade, ou seja, um presente cada vez mais amplo e cheio de movimento, mas sem direção. Em segundo falaria de destotalização, quer dizer, que já não valem os conceitos totalizantes do mundo. Para destotalização, o conceito positivo seria a pluralidade viscosa, ou seja, uma pluralidade de fenômenos que não se pode distinguir nitidamente. O terceiro conceito é desreferencialização. É como se houvesse sido perdida a impressão de que o homem está em contato com o mundo exterior, ou seja, de que o mundo exterior é que dá referência aos significados. [...] No total, metaforicamente resumindo os três conceitos, poderíamos dizer que é como se nos encontrássemos dentro de um globo em que há muitos movimentos e fenômenos borrados, e sem a possibilidade de sair-se para ter a distância cognitiva necessária para descrevê-los (GUMBRECHT, 1988, p. 107-108).

No caso de Jeanne Marie Gagnebin (1989, p. 285-296), o emprego do termo aparece em texto que trata das noções de origem e original em Walter Benjamin. Ao colocar estas noções em xeque, Benjamin já descreveria, segundo a autora, "a paisagem da nossa 'pós-modernidade'".

Ao aceitar os paradoxos da tradição moderna para ler a condição pós-moderna, pensada aqui a partir de algumas manifestações - a erosão das identidades, o estremecimento dos valores e paradigmas, a crise dos grandes relatos, a flutuação das fronteiras, a dissipação dos limites -, pode-se dizer que a morte do pai é o tema psicanalítico que impulsiona o debate, o que nos leva a uma reflexão sobre o esgotamento da modernidade como decorrência da perda de hierarquia, do declínio da lei. Um processo no qual se verifica, por exemplo, o deslocamento do peso fundacional do sujeito para as instâncias discursivas.

É necessário afirmar a discordância existente em torno dos significados do termo pós-modernidade, o que só contribui para o acirramento da querela. Entretanto, é preciso optar por uma definição, tendo em vista a validade do termo. Um importante teórico da pós-modernidade e das questões que se vêm colocando para a produção intelectual e artística é Zygmunt Bauman. Leitor perspicaz da cultura contemporânea, Bauman (1997, p. 171) trata do estremecimento da ordem moderna e suas estratégias, distinguindo na pós-modernidade a era das incertezas:

> Desde la perspectiva posmoderna, el episodio de la modernidad parece haber sido, más que cualquier outra cosa, la era de la certidumbre.
> Es así porque la más intensa de las experiencias posmodernas es la falta de confianza en sí misma. [...]
> El hecho es, sin embargo, que nunca dejaron de buscar esa enunciación y casi nunca dejaron de creer que la búsqueda sería — debía ser — exitosa. El período posmoderno se distingue por abandonar la búsqueda misma, tras haberse convencido de su futilidad. [...]
> La modernidad, en comparación, parece no haber albergado nunca dudas similares en cuanto al fundamento universal de su condición. La jerarquía de valores impuestos al mundo administrado por el extremo noroccidental de la península europea era tan firme y estaba respaldada por

poderes tan enormemente avasallantes, que durante dos siglos siguió siendo la base de la visión mundial, más que un problema abiertamente debatido.

A nova configuração da sociedade traz consigo outros desafios ao desconcertante espaço em que o capitalismo multinacional transforma riquezas e misérias, cânones e "novidades". Pode-se dizer que se assiste à deslegitimação dos preceitos morais e as velhas certezas perdem as referências.

A emergência de uma sociedade civil mundial obrigada a ajustar-se à dinâmica da transnacionalização das economias, à globalização dos mercados, contexto que o crítico Fredric Jameson relaciona à emergência da nova fase do capitalismo avançado, multinacional e de consumo, resulta em um processo de dissolução das fronteiras, de questionamento dos paradigmas e das certezas, ao passo que os conglomerados financeiros passam a ditar a nova lógica do mercado, com o capital expandindo-se para além das fronteiras do Estado-nação.

> Considero tais peculiaridades do pós-modernismo sintomas e expressões de um novo dilema historicamente original, que envolve nossa inserção como sujeitos individuais em um conjunto multidimensional de realidades radicalmente descontínuas, cujas molduras vão desde os espaços sobreviventes da vida privada burguesa até o descentramento inimaginável do próprio capital global (JAMESON, 1996, p. 408).

A geografia econômica passa a demarcar as "novas" fronteiras, agora voláteis e flutuantes, com a migração do capital, e observa-se uma retomada das idéias liberais no jogo das relações internacionais. Não avançarei tais questões, visto que o que interessa é verificar os desdobramentos das crises (de hierarquias e de valores) no campo de bens simbólicos, mais especificamente no câmbio gerado no papel do intelectual contemporâneo.

> A diferencia de la noción de una sociedad posindustrial, el concepto de posmodernidad se refiere a una cualidad distintiva del clima intelectual, a una postura metacultural nueva, a una autoconciencia distintiva de la era. Uno de los elementos básicos — si no el elemento — de esta autoconciencia es la comprensión de que la modernidad está terminada; que es un capítulo cerrado de la historia, que hoy puede contemplarse en su integridad, con el conocimiento retrospectivo de sus logros prácticos así como de sus esperanzas teóricas (BAUMAN, 1997, p. 170).

Nessa configuração que se delineia, há cada vez menos espaço para se desempenhar as funções que outrora eram exercidas como direito e dever do intelectual, que se posicionava em nome da Razão. Nos pronunciamentos do intelectual legislador, a veracidade e a autoridade moral eram insuspeitas, colocando-o numa posição de árbitro das normas que regiam o gosto artístico. Porém, acrescenta:

> El mundo contemporáneo se adapta mal a los intelectuales como legisladores; lo que ante nuestra conciencia se presenta como la crisis de la civilización o el fracaso de cierto proyecto histórico, es una crisis genuina de un papel específico, y la experiencia correspondiente de la superfluidad colectiva de la categoría que se había especializado en desempeñarlo. Un aspecto de esta crisis es la ausencia de ámbitos desde los cuales puedan hacerce declaraciones de autoridad del

tipo que implica la función de legisladores intelectuales (BAUMAN, 1997, p. 174).

Quando as declarações de autoridade perdem a legitimidade, efetiva-se a crise do papel tradicional de legislador. Neste cenário, quem toma o cargo de juiz e formador de opinião é o próprio mercado, e o intelectual assume, gradualmente, a partir de então, a função de intérprete da cultura.

> La idea de la interpretación supone que la autoridad constituyente del significado reside en outra parte, en el autor o en el texto; el papel de los intérpretes se reduce a leer en voz alta el significado. El buen intérprete es el que lo lee apropiadamente, y es necesario (o eso cabe esperar) que alguien responda por las reglas que guiaron la lectura y con ello haga válida o autorizada la interpretación; alguien que tamice las interpretaciones y separe las buenas de las malas. Pero la estrategia de la interpretación difiere de todas las de la legislación en un aspecto fundamental: abandona abiertamente, o hace un costado como irrelevante para la tarea del momento, el supuesto de la universalidad de la verdad, el juicio o el gusto; se niega a diferenciar entre comunidades que producen significados; acepta los derechos de propiedad de esas comunidades y los considera el único fundamento que pueden necesitar los significados propios de una comunidad. Lo que queda por hacer a los intelectuales es interpretar dichos significados para beneficio de quienes no pertenecen a la comunidad que está detrás de ellos; dirimir la comunicación entre 'incumbencias delimitadas' o 'comunidades de significado' (BAUMAN, 1997, p. 276, grifos meus).

Finalmente, importa dizer que, frente a tal contexto, destituído o sentido desse modelo de intelectual, entra em cena o crítico pós-moderno, cuja tarefa primordial passa a ser a de interpretar, e não mais julgar. Beatriz Sarlo (1994, p. 6-7) também aborda as mudanças no cenário cultural, ou mediático, afirmando que "también ha sido desalojada la figura del intelectual que fue paradigmática en la primera mitad del siglo XX (en esto piensa Bourdieu cuando afirma la clausura del lugar ocupado por Sartre)." Noutra passagem do texto, Sarlo (1994, p. 6-7) enfatiza algumas peculiaridades da crise do discurso intelectual:

> La competencia por el lugar del intelectual que emite su voz de cara a la sociedad y es escuchado por ella (una disposición espacial que tiene tanto de imaginario como de real) ya no sucedía únicamente entre esos iguales que, con las armas del discurso, enfrentaban otros discursos y, en ocasiones, otras armas. Lo nueva de la situación es que junto a ellos, otros pretendientes, venidos de más lejos (los periodistas, los comunicadores), se ubican en posiciones desde donde su palabra es más persuasiva, más próxima y sobre todo más familiar. [...]
> El lugar de Sartre, efectivamente, está clausurado: pero no sólo la muerte de Sartre cerró para siempre esa 'clase de uno', como la llamó Pierre Bourdieu. Ese lugar ya era impracticable antes de su muerte: los lenguajes de la crítica habían comenzado a especializarse; los saberes técnico-prácticos habían comenzado a tomar la delantera de los saberes filosófico-morales; el derrumbe de las utopías políticas reactualizaba de manera contradictoria el dilema de 'las manos sucias': el futuro ya no garantizaba todos los actos que en el presente se cometieran invocando su nombre o el de la utopía.

É preciso acrescentar uma questão crucial com que a crítica se depara a partir dessa conjunção: a entrada em cena do pluralismo, conseqüência do relativismo valorativo, promovendo uma espécie de equivalência entre as mais diversas produções.

Se o pluralismo torna a arte meramente relativa, também parece des-definir a arte alta e a baixa — mas não é o caso. Na maior parte das formas pluralistas essa linha é obscurecida, e a arte que deveria ser crítica (tanto da alta arte quanto da cultura da mídia) perde suas arestas. Isso não faz parte de qualquer agenda explícita, mas aqui, por exemplo, a reivindicação é clara: 'Não há mais hierarquia entre céu e terra, nenhuma diferença entre o alto e o baixo; os bastiões perversos e limitados da ideologia e de qualquer outro tipo de dogma caíram' (FOSTER, 1996, p.54-55).

Isso leva, segundo Foster, à indiferença e este talvez seja um dos riscos que se impõe conforme o crítico se questione sobre a possibilidade, tanto da arte quanto da crítica, de reter (ou restaurar) uma radicalidade sem cair num novo exclusivismo ou dogmatismo[23]. Noutras palavras, enquanto a lógica da vanguarda era declaradamente exclusivista, operando a partir de transgressões utópicas ou anárquicas, o pluralismo se vale dos retornos e referências de formas exaustas, isento das arestas críticas.

Cabe relembrar, sumariamente, que Bauman (1998, p. 139) distingue as duas lógicas vanguardistas:

> [...] se a vanguarda modernista se ocupava de marcar as trilhas que levavam a um consenso 'novo e aperfeiçoado', o vanguardismo pós-moderno consiste não exatamente

---

23 Idem, p. 55.

em desafiar e debilitar a forma existente e reconhecidamente transitória de consenso, mas em solapar a própria sensibilidade de qualquer acordo futuro, universal e, desse modo, sufocante.

A atitude agora não almeja o consenso nem o questionamento de uma estética já existente, antes arruina a idéia de projeto teleológico, em favor da coexistência pacífica do plural, proposição evidente na revista. Alinha-se, podería-se acrescentar, à concepção pós-estruturalista no que tange à crítica da representação, à medida que questiona o conteúdo de verdade desta e explora os regimes do significado. Jameson assinala:

> A estética pós-estruturalista contemporânea assinala a dissolução do paradigma modernista — com sua valorização do mito e do símbolo, da temporalidade, da forma orgânica e do concreto universal, a identidade do sujeito e a continuidade da expressão lingüística — e antecipa a emergência de uma outra concepção pós-modernista ou esquizofrênica do artefato — agora reformulado como 'texto' ou 'écriture' e enfatizando a descontinuidade, a alegoria, o mecânico, o hiato entre o significante e o significado, o lapso na significação, a síncope na experiência do sujeito (JAMESON apud FOSTER, 1996, p.176).

Concluindo, portanto, mas sem pretender acrescentar mais uma definição do que seja a pós-modernidade, visto que em torno do conceito está armado o debate, convém retomar o argumento de Andreas Huyssen (1997, p. 61), ao sustentar que o que está em questão aí é o Grande Divisor:

> [...] o grande muro entre a arte moderna e a cultura de massa, que os movimentos artísticos dos anos 60 intenci-

onalmente começaram a desmantelar em sua crítica ao cânon do alto modernismo, e que os neo-conservadores culturais estão tentando reconstruir hoje em dia. Uma das poucas concordâncias sobre as imagens do pós-modernismo é a respeito de sua preocupação em negociar formas de alta arte com certas formas e gêneros de cultura de massa e com a cultura da vida diária.[24]

Dessa forma, a idéia do esmaecimento das rígidas fronteiras entre a arte erudita e a cultura de massa remete à discussão inicial sobre a atuação do intelectual no novo cenário cultural. Diante da fluidez das fronteiras, e das conseqüentes lamentações em torno da perda de qualidade, a questão que se nos impõe é: como a revista se insere nesse contexto? Já foi visto que *34 Letras* não contribuiu com a derrubada do "muro", sendo tímida a negociação, mencionada por Huyssen, entre as formas da alta arte com as da cultura de massa; antes, reafirmou o discurso das águas divisoras, valendo-se de estratégias que depunha contra tal negociação, devido à restrita aparição de textos impregnados das formas, categorias e conteúdos da indústria cultural. O simples fato de ter sido uma revista vendida em livrarias, e não em bancas, já aponta para um determinado público. A questão torna-se um pouco mais complicada, porém, quando se leva em conta outras estratégias - a do esmaecimento das fronteiras hierárquicas e disciplinares ou do que chamamos de "estética do fragmento".

Os críticos intérpretes, que se pautaram na leitura dos textos sem supor uma autoridade constituinte do significado, abdicaram da suposta universalidade e da verdade, e conseqüentemente, de uma única interpretação, publicando, não raras vezes, na revista, textos tematizando uma mesma obra.

---

24 Ver também, do mesmo autor, o ensaio "Mapeando o pós moderno", In: HOLLANDA (Org.), 1991, p.15-80.

Dos grileiros e das invasões

Dadas as coordenadas sobre o que se entende aqui por pós-modernidade, vejo agora de que maneira essa perspectiva se manifestou na revista. Convoquei, então, Wander Melo Miranda e, em seguida, Silviano Santiago, que abordam as estratégias da narrativa pós-moderna, partindo da idéia de que ela carrega a herança do esgotamento da experiência do eu singular; vale-se do pastiche; toma o "real" e o "autêntico" como construções da linguagem; dá espaço à ficção (SANTIAGO, 1985, p. 4-13). Wander Melo Miranda (1989, p. 173) articula sua leitura da narrativa apócrifa ao que John Barth define por "literatura de exaustão", e afirma, sobre estes textos:

> São filhos, até certo ponto constrangidos, dos pais sábios e autoritários (Silviano Santiago) da Modernidade, dos monstros sagrados, reificados e já institucionalizados que deram por concluído o ciclo de invenção dos estilos que ainda podiam ser inventados. O que resta a eles, de novo, senão a pilhagem e o pastiche ao infinito de estilos os mais variados — eruditos ou populares — para que o silêncio seja vencido, para que histórias possam ser contadas?

Tais narrativas se incluem, ainda de acordo com o autor, na seita dos Niilistas (à qual pertencem Italo Calvino, Ricardo Piglia, Borges, Silviano Santiago, por exemplo), acreditando que "somente a contrafação, a mistificação e mentira intencionais podem representar, em um livro, a verdade não contaminada pelas pseudo-verdades dominantes" (MIRANDA, 1989, p. 172), enquanto os fiéis da seita dos Iluminados continuariam a crer que existem alguns poucos livros verdadeiros. Assim, é na "literatura de exaustão" que o crítico enxerga a possibilidade de atuação do crítico e escritor nesse espaço fraturado onde se cruzam verdades e falsificações, onde se faz necessário exceder os limites das convenções literárias e dos lugares-comuns ideológicos.

> Para fugir dos textos pasteurizados, feitos em série e de acordo com o gosto do público e a demanda mercadológica, para escapar da uniformidade liberal da voz própria ou do museo de cera al que son conducidos los escritores (Piglia, Crítica y ficción), a única saída é o enfrentamento da contradição entre escritura social e apropriação privada, mediante a proliferação de vozes, o falar através de máscaras e com voz alheia. Só assim a máquina polifacética (Arlt/Piglia) que é a literatura pode continuar funcionando, sem emperrar de vez (MIRANDA, 1989, p. 174-175).

Wander Melo Miranda reconhece nas narrativas de exaustão manifestações da escrita que questiona as noções de autenticidade e autoridade do texto paterno; narrativas que valorizam a apropriação de um texto por outro.

Consoante com essa poética, lê-se o lance de dados mallarmaico proposto por Silviano Santiago. Fragmentos que se dispõem ao longo do texto e fornecem uma chave de leitura. Eis o jogo proposto por "As escrituras falsas são" (SANTIAGO, 1989a, p. 304-308), texto emblemático para se refletir sobre a atuação do crítico pós-moderno e sobre a perspectiva da revista, que abrigou em suas páginas toda uma geração da crítica que partilhou desse referencial de atuação.

Se se agrupar os fragmentos dispostos no corpo do ensaio, com destaque, tem-se um aforisma: "As escrituras falsas são/ fraude só se/ se toma a perspectiva/ da justiça dos home." Veja-se, a partir da leitura do texto, o que ele sintetiza.

Continuidades Efêmeras

Ao tratar da produção literária da década de 80, Silviano Santiago problematiza a atuação do escritor e do crítico, desvencilhando-se de antigas posturas para propor o pastiche, a mescla e a transgressão como viabilidades de outras escrituras. Em "Liberdade", de Silviano, e "Respiração Artificial", de Ricardo Piglia, são casos de textos que servem de exemplos sintomáticos do novo estatuto da ficção, que mistura narrativa com reflexão, num movimento ao mesmo tempo crítico-histórico e poético. De acordo com o mencionado ensaio, a liberdade seria conquistada com um alicate cortante na cerca de arame farpado que estrategicamente fecha o círculo da literatura brasileira. Silviano Santiago argumenta que

> [...] a tarefa do escritor brasileiro dos anos 80 (sobretudo depois do instigante e insuportável fato histórico que foi a recente ditadura militar) é a de resgatar o que poderia ter acontecido à nossa narrativa ficcional se ela não tivesse se colado de maneira tão insidiosa aos acontecimentos históricos e aos sentimentos pessoais. Para tanto, já não é suficiente apenas abandonar os fatos históricos recentes e invadir peito aberto o território da história para narrá-la de uma outra ou de outras perspectivas.[...] Seria indispensável dar antes por fechado o ciclo da nossa literatura [...] e ali dentro trabalhar – ainda que só por algum tempo — para desconstruir uma outra história, a da ficção nacional. O dentro da ficção no dentro da história no dentro. Ou seja: pôr em aberto a arqueologia dessa dupla construção, mostrando quais os estilos individuais que salientaram as vigas e por isso foram dados como nobres e dignos de figurar em destaque nas nossas histórias da literatura, e quais os estilos individuais que abriram rachaduras no sistema e por isso foram relegados a segundo plano ou

foram simplesmente recalcados no tecido histórico (SANTIAGO, 1989a, p. 305).

Nessa chave, a historiografia literária deve ser tomada na própria ficcionalidade que a desconstrói por um movimento da nova narrativa poética. Noutras palavras, Silviano propõe a desconstrução da ficção nacional para, a partir daí, fraudar elementos que abalam a construção da história literária, produzindo rachaduras, fendas, ficções. Desse modo, o exercício proposto é que o escritor falsifique um ou vários estilos, violentando-os e transgredindo-os, para compor outra narrativa.

Se o primeiro invasor dessas terras é Antonio Candido (ao dizer que a literatura brasileira sempre esteve vinculada aos acontecimentos pessoais e por isso nunca chegou a levantar grandes vôos de imaginação), o segundo invasor apontado é Oswald de Andrade ("e sua defesa de Macunaíma publicada na Revista de Antropofagia"), que teria se utilizado do alicate cortante para atravessar a cerca de arame farpado da literatura brasileira, com suas metáforas afiadas: "Grileiro: indivíduo que procura apossar-se de terras alheias mediante falsas escrituras de propriedade" (apud SANTIAGO, 1989a, p. 307).

O gesto de transgressão do grileiro é comparado ao do ficcionista por Silviano Santiago: as artimanhas da arte da grilagem consistem em invadir a terra alheia para ali plantar sem grilo a sua semente. O autor sugere, oswaldianamente, "a posse em lugar da propriedade".

Pode-se articular essa idéia com a leitura de Wander Melo Miranda (1989, p. 171), que enxerga na figura do copista a viabilidade do intérprete: pois o copista é justamente aquele que vive em duas dimensões temporais - a escrita e a leitura.

> Copista e também investigador, o narrador identifica-se então com o leitor, na tarefa de escarafunchar arquivos e

textos, levantar dados, fazer conjeturas, seguir pistas labirínticas, decifrar letras esmaecidas, correr atrás de cartas e diários perdidos, maquinar, tramar, fraudar... Quem o criminoso, quem o detetive, nessa relação deleitosa, delituosa e transgressora com a cultura?

No mesmo sentido, Wander Melo Miranda e Silviano Santiago propõem a invasão de terras alheias, a tomada de outras perspectivas, fazendo valer a fraude e a pilhagem para que outras histórias possam ser contadas. Podería-se tomar ainda a perspectiva do crítico Raul Antelo (1997, p. 71), que diz que "a questão passa [...] por perder o estilo, por sermos invadidos por outros estilos para capturar adesões (que nos sobram) e distanciamentos (que nos faltam)".

Silviano (1989a) anuncia, neste ensaio e "Em liberdade", que "as chamadas escrituras falsas são as que trazem as boas novas". Ao pensar na metáfora proposta pelo crítico, é possível remeter-se à revista *José* como a guarda costeira deste território, ainda pautada por leis e normas, apesar das dificuldades em localizar os adversários. A crise de *José* parece ter-se acirrado por causa desta indefinição do antagonista e pela inviabilidade de um projeto estético ou político que norteasse a publicação; por sua vez, em *34 Letras*, borram-se as fronteiras desse território e manifesta-se, pelo menos em alguns textos, um convite ao exercício da pilhagem.

Um José com muitas Letras

Na leitura das duas revistas — *José* e *34 Letras* — como formações críticas, observou-se as escolhas temáticas, os editoriais, os traços que marcaram as duas publicações, as referências teóricas, as escolhas de colaboradores e as tensões que as permeiam. Isso permitiu pensar os periódicos através de duas metáforas, a do legislador e a do intérprete, capazes de dramatizar o conflito que se pode ler nesses relatos. Para fazê-las funcionar, o gesto é o artesanal, da leitura e da citação, e, dessa forma, salientou Eneida de Souza (1994), "mutilam-se corpos, sacrificam-se versos, e a citação promove a circulação do sentido, que irá depender do lugar em que foi enxertado." Os atos de cortar e colar, dos quais a leitura e a escrita são por excelência formas derivadas, serviram para fazer aflorar as hipóteses e para persegui-las, a ponto de traçar um itinerário de questões. Sustenta Compagnon (1996, p.12), a este propósito: "reescrever, reproduzir um texto a partir de suas iscas, é organizá-las ou associá-las, fazer as ligações ou as transições que se impõem entre os elementos postos em presença um do outro: toda escrita é colagem e glosa, citação e comentário."

Ao ler as revistas através daquelas metáforas, procurei arriscar alguns comentários sobre a disposição da cena cultural. Entretanto, convém assinalar um dos maiores riscos que se impõe nessa tarefa de ler o contemporâneo: o olhar fora de foco. É sempre arriscado refletir sobre a escrita de críticos, poetas e escritores que ainda estão produzindo, e este é o caso de alguns colaboradores desses periódicos. Contudo, o trabalho se torna ainda mais desafiador e, nesse caminhar sobre os ovos, por descuido, talvez tenha quebrado algum sem a devida necessidade. Ao reconhecer tal circunstância, procurei tomar o cuidado de me ater à escrita dos colaboradores nas revistas, isentando-me da tarefa de examinar a trajetória de suas produções veiculadas em outras páginas.

Em *José*, a "soma das personalidades" acabou por refletir um contexto cheio de impasses frente à consolidação da indústria cultural e à proposta de se fazer uma revista literária que primasse pela "qualidade" literária, apostando no modernismo como valor estético. Se o modernismo da "fase heróica", assim denominado por João Luiz Lafetá (1974), aparentemente é um consenso sobre a expressão dessa qualidade para a revista *José*, o desacordo entre os integrantes do conselho editorial pareceu residir na dificuldade de se definir, por exemplo, um perfil para o periódico.

Já *34 Letras* partiu em busca de uma "fórmula" capaz de dar conta da diversidade que tentou veicular, e, mesmo não encontrando tal fórmula, o que se afirmou no "Editorial" do número 5/6, várias experimentações foram feitas. A revista assumiu os riscos de abrigar "outras disciplinas, outros estilos, outras preocupações" em nome das possibilidades.

Uma das hipóteses lançadas nesse trabalho foi a de ler em *José* um signo do moderno (o do intelectual legislador), na medida em que ainda procurou sistematizar um projeto, dramatizou a questão da identidade nacional, creu na existência de uma saída para a crise da literatura, proposições que afloraram em toda a revista e se explicitaram nos dois debates abordados: um em torno da "poesia marginal"; outro sobre os impasses de uma revista literária na década de 70. *34 Letras* apareceu destituída da angústia e da tarefa de tentar sistematizar um projeto, apostando na interdisciplinaridade, alternativa a uma revista sobre literatura.

O ensaio de Luiz Costa Lima, a propósito do "sistema intelectual brasileiro", publicado em *José*, foi corolário do impasse da própria revista, um dos prenúncios da nova configuração cultural que se armava. O ensaio apresentou um problema e buscava uma saída, propondo uma revisão de nossas práticas literárias; da mesma forma, parece-me que, através das entrevistas, debates e ensaios, a revista tentou indicar aberturas de caminhos para os diversos impasses que se colocaram naquele momento. Isto é, em *José* é possível ler o desejo nostálgico de preservação do "literário" em sua pureza, mas, simultaneamente e não sem conflitos, dando espaço, por exemplo, à antropologia — vide a entrevista com Candeia —, e discutindo a separação já problemática entre o erudito e o popular, e até, o de massa.

Observe-se que é no período imediatamente posterior ao da publicação de *José*, pelos idos de 1979 a 81, no Brasil, que, na perspectiva de Silviano Santiago (1998), pode-se detectar algumas transformações que acenam para o momento de transição do século XX para o seu "fim": a cultura brasileira vislumbra indícios de abertura e do processo de democratização[1], assiste-se à ascensão da Antropologia[2] e ao rompimento das muralhas da reflexão crítica que separavam o erudito do popular e do *pop*. Essas mudanças teriam corroborado para uma revisão da questão da identidade nacional, despertando reflexões e textos sintomáticos dessa transitividade. Aqui nos serve a reflexão de Silviano Santiago, na medida que, ao detectar esse momento de transição, referenda os indícios de mudança percebidos como um dos aspectos do conflito na *José*. Pode-se dizer ainda que a tranqüilidade de *34* talvez se dê, além dos motivos apontados, pelo fato de já ser uma revista finissecular, naqueles termos apon-

---

1 Assim, Silviano Santiago (1998, p.11-23) enfatiza que "a luta das esquerdas contra a ditadura militar deixa de ser questão hegemônica no cenário cultural e artístico brasileiro, abrindo espaço para novos problemas e reflexões inspirados pela democratização no país".

2 Nesse momento de transição, "a Sociologia e a velha geração de acadêmicos saíam de campo e tomavam lugar na arquibancada, para entrar em campo a Antropologia sob as ordens dos emergentes mapeadores das transformações culturais por que passava o país" (SANTIAGO, 1998, p. 16).

tados por Silviano, e não se encontrar mais no momento da passagem. Porém, é preciso acrescentar, se a revista, de algum modo, cumpre a agenda, fica de fora o "rompimento das muralhas", que praticamente não se efetiva.

Nos textos da *José*, observou-se a preponderância de um tom agônico, numa espécie de reverberação dos impasses do José drummondiano, de onde surge o nome de batismo da revista. Viu-se que *José* primou pelo valor literário, cuja tradução manifestada era o modernismo: de Drummond, Mário, Bandeira, Oswald, Tarsila. No entanto, tão certa quanto a manifestação de engajamento com os elementos da poética modernista, era sua problematização, ou seja, a discussão de seu próprio esgotamento. Um caleidoscópio de dilemas explícito nos dez números do periódico, que prestou tributo ao modernismo, publicando Oswald, via estudos, Mário, via cartas, Drummond, via poemas. Pura nostalgia de um modernismo que, em seu contexto, foi uma "força fatal"; em José, um signo da diáspora das vanguardas.

A angústia existencial (sem desconsiderar também a nítida questão social e política) exposta no poema referido teve seus desdobramentos na revista, traduzidos no impasse diante da nova configuração do mercado editorial, da estrutura da mídia e, conseqüentemente, do campo da cultura, outrora melhor demarcado: o mercado de bens culturais se consolida, no Brasil, nas décadas de 60 e 70 e as leis de mercado se impõem. A partir desse quadro, o periódico expõe o seguinte dilema: como manter e veicular a "alta literatura", sem ser uma revista acadêmica ou proselitista, nem tampouco uma alternativa de massa? De que forma lidar com o "gosto da maioria" e o discurso universitário? Com que armas concorrer com o recente *Folhetim* (1977-1989) e outros tablóides (*Opinião*/72-77 e *O Pasquim* /69-85, por exemplo, que já tinham assegurado uma distribuição e circulação ampla?

Caberia questionar a ameaça que *José* enxergava nas outras publicações de sua época, se aproximar as temáticas, entrevistas e reportagens veiculadas nesses periódicos (*Folhetim, Opinião, O Pasquim, Almanaque, Escrita* e outros). Por exemplo, ao se analisar o referencial teórico, os valores literários pelos quais primou *José*, verifica-se que muito se distanciava da primeira versão "midiática" e de entretenimento do *Folhetim* daquele período. Além disso, tratava-se, no caso, de concorrência com jornal, o que distingue as estratégias adotadas, sendo problemático comparar o tipo de distribuição e abrangência de dois veículos com características próprias. De toda maneira, *José* enxergou concorrentes por toda parte e pautou-se pelo dilema: como manter os valores literários e, ao mesmo tempo, vender a revista? Há possibilidade dessa conjugação? Há possibilidade de se preservar determinado conceito e função do literário, diante da necessidade de lidar com o mercado e com as novas configurações culturais que se armam? Qual estratégia de sobrevivência adotar? Impõe-se a urgência de se repensar a "resistência", devido à dispersão de um inimigo, que outrora era declarado. Ao reconhecer a impraticabilidade do perfil de intelectual nos moldes do que se lhe incumbia até Sartre, na qual a re-configuração massmediática da cultura tem um papel crucial, assiste-se à crise do "legislador" reverberando em *José*.

    Particularmente sugestiva, a retomada de alguns versos do célebre poema *José* para ler essa atitude na revista, de tentar se vincular a um posicionamento e a uma estética e dos impasses que se colocaram naquele momento: "quer ir para Minas,/Minas não há mais." Emblemática constatação se transposta ao periódico, que serve para ilustrar, simultaneamente, o desejo de um retorno ao modernismo, manifesto numa nostalgia do movimento e a constatação da inviabilidade do ato. Daí decorre o tom melancólico de um passado que carrega a preciosidade da literatura e o presente dilemático de *José* que, impossibilitado de se superpor a outros tempos, acaba dando o testemunho da crise, do muro, do impasse que inviabiliza a resistência (ou existência) da revista.

Em *34 Letras*, viu-se que a mescla de texturas, de estilos, de disciplinas, de línguas e de épocas era simultânea à mescla de hierarquias que a revista promoveu, publicando os novos, os inéditos, os consagrados, os já canônicos, lado a lado. Considerando sua pretensão de "dar conta da pluralidade de pontos de vista e assuntos" (EDITORIAL, 1989, p. 11), uma pergunta se delineou: é possível lê-la como signo da pós-modernidade? Em sucintas palavras, emprego o termo remetendo à emergência de uma nova sensibilidade, sintomática deste fim de século, sem discutir a fundo a transformação dos paradigmas culturais, sociais e econômicos implicados nesta mudança. A nova sensibilidade, marcada pela perda de certos valores e a conseqüente substituição destes (Georg Simmel observou: qualquer valor só é um valor graças à perda de outros valores), no caso, implicaria a desvalorização das estratégias e fundamentos da arte moderna, problematizando-a e lendo-a sob outros prismas. Chegou-se a uma resposta ambivalente: sim, quando a revista utilizou certas estratégias, por exemplo, a do mencionado esmaecimento das fronteiras de hierarquias; mas "confunde" ao ter afirmado a permanência de um conceito de arte elevada, dirigida a um público seleto e conhecedor, explicitando a recusa ao "mercado".

Concernente a esta questão, destaquei a tendência, na pós-modernidade, à progressiva erosão das distinções entre cultura "erudita", ou "alta" cultura, e cultura de massa nos processos de migração intensiva dos produtos culturais e nos efeitos das novas construções discursivas da cultura urbana, o que só timidamente se efetivou em *34 Letras*. É necessário enfatizar, relembro, que *José* já prenunciara a inviabilidade de se agarrar aos preceitos da arte "culta", marcando o fim da revista, ainda que involuntariamente, com o debate "José no espelho", ao tentar estabelecer critérios, normas, valores pelos quais a revista primaria: seu dom é veneno.

Outro dado que interessa pensar, mas demandaria um trabalho além dos limites deste livro, refere-se à análise específica da poesia publicada nas duas revistas e, especialmente, à publicação dos "novos" poetas em *José* e em *34 Letras*. A pergunta poderia ser: por que, no primeiro caso, ao publicá-los, dá-se uma valorização aos "novos" poetas, uma aposta nesses "talentos", enquanto no outro caso fala-se em quebra de hierarquias? A resposta parece estar nos bastidores, na medida que, em *José*, havia um grupo, os que faziam a revista, já possuidores de um capital simbólico, o que resultou no reconhecimento de uma autoridade a esboçar suas escolhas. Pode-se reconhecer aí o perfil do legislador em ação. Esta foi uma das "lebres" levantadas no polêmico debate "José no espelho"[3]: a de que a simples publicação de um poema isolado não se constituiria efetivamente numa aposta. Diferentemente, no último número, uma "verdadeira aposta" aparece sob o título "Um poeta novo: Geraldo Carneiro", em que Jorge Wanderley, Luiz Costa Lima e Silviano Santiago escreveram ensaios que apresentaram as peculiaridades da poética de Geraldo Carneiro, a que se seguem dez de seus poemas. Todavia, em *34 Letras*, o que ocorreu foi uma espécie de autopromoção: os "novos" eram, em grande parte, exatamente os mesmos que faziam a revista, inexistindo um critério de autoridade que os legitimasse. A estratégia, então, con-

---

[3] Ferreira Gullar e Silviano Santiago abordam a questão e propõem que o conselho editorial tenha a coragem de apostar em certas pessoas (In: HOLANDA et al., 1977, p.17).

sistia em dispor os "novos" ao lado de poetas reconhecidos, estabelecendo-se a legitimidade por outros meios.

Uma das preocupações deste livro refletiu sobre a atuação do intelectual através da análise dos textos das revistas, verificando a crise de um modelo e a emergência de um outro, em concomitância à crise das vanguardas e dos valores estéticos da modernidade. Já se afirmou, o questionamento da razão universal e unificadora, a quebra da hegemonia dos discursos, causada pela relativização dos paradigmas teóricos, a acachapante debilidade de qualquer princípio de legitimidade e universalidade em nossa sociedade são fatores que têm contribuído para inviabilizar um modelo de intelectual, pelo menos tal como era concebida essa figura clássica. Dentre seus atributos, cabia a ele a tarefa de legislar, definir o que era e o que não era arte, reconhecer o belo e o *kitsch;* tarefa, porém, cada vez mais árdua ou impraticável, quando as regras, os princípios e os valores literários deixam de ser predeterminados por alguma autoridade ou consenso.

Enquanto em *José* observou-se esta crise a partir dos debates, em *34 Letras* o texto de Silviano Santiago, "As escrituras falsas são", serviu para ler mais de perto o questionamento deste perfil e a entrada em cena de outros valores e estratégias textuais, caso do pastiche. Além disso, o ensaio de Silviano Santiago fornece subsídios para refletir sobre a atuação do crítico-intérprete.

Outro levantamento, que também mereceria ser abordado nessas considerações finais: os autores mais freqüentemente citados no conjunto de textos, demonstrando, quantitativamente, as referências mais regulares de cada revista. É evidente que o critério quantitativo, pautado no número de ocorrências desses nomes no conjunto de textos, não apresenta resultados conclusivos em si mesmo; aponta direções e facilita pesquisas, necessitando, no entanto, de uma análise mais detida para verificar os critérios valorativos com os quais se trata determinado autor. Apesar disso, veja-se os dez autores mais freqüentemente citados em *34 Letras*: Martin Heidegger, Platão, Walter Benjamin, Jorge Luis Borges, Stéphane Mallarmé, Paul Valéry, Aristóteles, Friedrich Nietzsche, Michel Foucault e Gilles Deleuze. Se se compar as referências mais recorrentes em *José*, observare-se, nesta última, uma preponderância de poetas e escritores, sobretudo provindos do Modernismo brasileiro: Carlos Drummond de Andrade, Oswald de Andrade, João Cabral de Melo Neto, Mallarmé, Mário de Andrade, James Joyce, Machado de Assis, Manuel Bandeira e T.S. Eliot, para citar os mais cotados. O predomínio de poetas já indicava uma opção da revista pelo "especificamente literário" e, nestes dados, percebe-se também o estabelecimento de uma linha de continuidade com a Semana de Arte Moderna.

No panthéon de *34*, encontram-se os autores de textos que questionam a história, a verdade, a língua, o ser, o tempo e o poder como sistemas totalizantes. Seus escritos proporcionam a emergência, podería-se dizer, de uma nova ordem do discurso. Os fragmentos, os aforismas, as ficções, os questionamentos contundentes desses escritores e pensadores são emblemáticos para ilustrar a derrubada de fronteiras, realizada por seus textos e pretendida por *34 Letras*. Poder-se-ia objetar ainda que os pensadores e escritores que a revista tomou como paradigmas só vieram legitimar o esmaecimento das fronteiras lingüísticas, disciplinares, hierárquicas, denunciando a corrosão dos pilares nacionalistas e questionando os paradigmas positivistas. Porém, não se pode considerar *34* uma revista de depois da queda do muro (entre cultura letrada e indústria cultural), visto que vários indícios denunciam sua inscrição no circuito da cultura letrada, voltada aos pares. Obviamente, isso não se dá sem tensões.

No periódico, privilegiou o enfoque da leitura da cultura, em detrimento do especificamente literário, abrindo espaço, por exemplo, ao enfoque da análise de histórias em quadrinhos. Enquanto a abordagem de outras temáticas, que não o especificamente literário, apareciam de forma incômoda em *José*, em *34 Letras* promovera um intercâmbio efetivo com outras áreas. Ou seja, a filosofia, a antropologia, a sociologia, a psicanálise, para citar algumas, serviam para se pensar questões da crítica literária e vice-versa. Em grande parte das revistas da década de 70, ainda verifica-se uma compartimentalização que reproduzia as divisões de departamentos das universidades, o que definitivamente se borrou em *34*.

Uma das conclusões a que se pode chegar é a de que *34 Letras* assumia o discurso do pluralismo, apostando nele como seu maior trunfo, porém atuou com práticas disfarçadas. É pertinente sublinhar, antes de explicar tais práticas, os efeitos nocivos dessa mesma pluralidade democrática no periódico, ao acolher as inclinações da vertente experimentalista, dos alunos da PUC, de *José*, ou mais amplamente, da crítica universitária carioca, e do pós-estruturalismo francês. Diga-se de passagem, a teoria francesa, naquele momento, era a grande "vedete" no campo intelectual.

Ao propor um *patchwork* de tendências e estilos, a revista parecia cair na armadilha do pluralismo, cuja problemática era delineada por Hal Foster com uma consciência aguda, ao analisar os fenômenos da arte contemporânea. O pluralismo é assim definido por Foster:

> [...] uma situação que concede uma espécie de equivalência; arte de várias espécies passa a parecer mais ou menos igual — igualmente (des)importante. A arte se torna não uma arena de diálogo dialético, mas de interesses investi-

dos, de seitas licenciadas: em lugar da cultura temos cultos. O resultado é uma excentricidade que conduz, tanto na arte quanto na política, a um novo conformismo: o pluralismo como instituição (FOSTER, 1996, p.35-36).

Ao permitir todos os estilos, o pluralismo serve ao conformismo, abandona a contestação ao institucional e sugere uma "paralisia cultural, um status quo assegurado — elas [as múltiplas posturas] podem inclusive servir como biombo político". Ou ainda, como "biombo econômico":

> Com a vanguarda reduzida a um agente de inovação formal(ista) — à 'tradição do novo' — o mundo da arte foi consolidado como linha segura de produtos obsolescentes. Em vez da seqüência histórica, agora confrontamos a formação estática: um bazar pluralista composto pelo indiscriminado substitui o showroom do novo. Como vale tudo, nada muda; e esta (conforme Walter Benjamin escreveu) é a catástrofe.[4]

O crítico demonstra de que forma o pluralismo não conduz a uma consciência aguda da diferença, mas antes a uma condição estagnadora de indiscriminação e indiferença. Observe-se o que foi dito: a revista parece ter caido na armadilha do pluralismo. De fato, caiu, a meu ver, quando promoveu a equivalência[5] de autores consagrados e desconhecidos, ao utilizar a estratégia de se auto-imputar um reconhecimento, valorizado pela embalagem luxuosa e pelo discurso do elitismo: na aparên-

---

4 Ibidem, p.46.

5 Não entro aqui no mérito de julgar a qualidade dessas produções, mas apenas identifico a estratégia de autopromoção. A análise do material publicado pelos autores colaboradores "estreantes" ou "pouco conhecidos" mereceria uma abordagem mais aprofundada, o que não foi realizado nesta pesquisa.

cia "chic", de "alta" cultura. Afirmei também que a revista atuou com práticas disfarçadas, que se constituiam justamente no emprego de um discurso do pluralismo, abrigando as várias vertentes e linhagens, sendo que, numa análise mais detida, verificou-se que houve uma preponderância e opção, no que se referia à poesia, por determinado cânone, sobretudo pelo que adveio do concretismo. Ora nos poetas entrevistados, ora nos poemas traduzidos e nos ensaios, o que se detecta é um espaço considerável, podería-se dizer, uma reserva de mercado aos concretos. Nessa chave, o pluralismo aparece apenas como efeito discursivo.

Convém destacar que não foi propósito deste livro uma tomada de posição pró ou contra o pós-moderno. Cabem algumas ressalvas nesse sentido. Penso que o caráter irreversível do pluralismo é ponto pacífico, porém, não se deve entendê-lo como puro efeito nocivo da pós-modernidade. Afirmei que há casos em que o discurso do pluralismo pode ter tais conseqüências, sobretudo quando se utiliza dele como mero efeito discursivo. Assim é que, com o lema do pluralismo, o concretismo se autoelege a vertente poética pós-moderna por excelência, distribuindo os louros, citações e elogios. Não há aí resquício de pluralismo, mas sim uma jogada estratégica de marketing que coloca o concretismo na "crista da onda", por um lado, e, por outro, explicita o autoritarismo. Teoria francesa pós-estruturalista de um lado, a crítica brasileira renomada de outro, um *layout* arrojado bancado com as benesses da lei Sarney, enfim, um "prato cheio" para desfilar o figurino "alta cultura".

Ainda sobre a perspectiva da revista, ao adotar uma estratégia conciliadora de agrupar variadas tendências críticas, outras questões se nos impõem: *34 Letras* não estaria respondendo com a lógica pluralista de reabsorver a arte radical ao mesmo tempo em que se entretém com a arte regressiva? Nostalgia de formas exaustas com novos rótulos, destituída de consciência crítica?

Nem de forma celebratória nem apocalíptica eu gostaria de finalizar estas Continuidades Efêmeras. Antes, prefiro concluir com construções interrogativas para que se possa seguir pensando e dialogando sobre as estratégias e as possibilidades de uma revista, um artefato cultural, e a propósito do lugar do crítico no cenário da pós-modernidade. Afinal, há possibilidade de se conjugar uma atitude crítica com a lógica pluralista? É ponto pacífico a necessidade de redefinir o sentido de nossa viagem, afirmou Bauman (1997-1999). Legislar, ter controle, emitir pronunciamentos de autoridade, segregar, classificar são tarefas que não têm mais respaldo nem sentido na cena contemporânea, e isto pode ser bastante positivo. Sobretudo se houver disposição para conversar.

REFERÊNCIAS

ADORNO, T. W. O ensaio como forma. In: COHN, Gabriel (Org.). *Theodor W. Adorno*. Trad. Flávio R. Kothe. São Paulo: Ática, 1986. p. 167-187.

ANDRADE, Mário de. Cartas de Mário de Andrade a Drummond. *José - Literatura, Crítica & Artes*, Rio de Janeiro, n. 4, p. 38-45, out. 1976.

ANTELO, Raul. Fantasmagorias libertárias. In: MIRANDA, Wander Melo (Org.). *Navegar é preciso... viver*: escritos para Silviano Santiago. Belo Horizonte: Ed. da UFMG, 1997. p. 47-61.

ASCHER, Nelson. O texto e sua sombra: (teses sobre a teoria da introdução). *34 Letras*, Rio de Janeiro, n. 3, p. 142-157, mar. 1989.

ATHAYDE, Tristão de. Síntese. *Lanterna Verde*, Rio de Janeiro, n. 4, p. 85-98, nov. 1936.

BARBOSA, João Alexandre. *A tradição do impasse*. São Paulo: Ática, 1974.

_____. Réquiem para Jorge Wanderley. *Cult - Revista Brasileira de Literatura*, São Paulo, n. 31, p. 12, 2000.

BAUMAN, Zygmunt. *Legisladores e intérpretes*: sobre la modernidad, la posmodernidad y los intelectuales. Trad. Horacio Pons. Buenos Aires: Universidad Nacional de Quilmes, 1997.

_____. *O mal-estar da pós-modernidade*. Trad. Mauro Gama e Cláudia Martinelli Gama. Rio de Janeiro: J. Zahar, 1998.

_____. *Modernidade e ambivalência*. Trad. Marcus Penchel. Rio de Janeiro: J. Zahar, 1999.

BENDA, Julien. *La trahison des clercs*. Paris: Bernard Grasset, 1927.

_____. *Palabras pronunciadas en la sesión de apertura del Congreso de Intelectuales Antifascistas (Valencia, 1937)*. Debats, Ed. Alfons el Magnanim, n. 56, p. 128-139, verano, 1996.

BOURDIEU, Pierre. *As regras da arte*: gênese e estrutura do campo literário. Trad. Maria Lúcia Machado. São Paulo: Companhia das Letras, 1996.

BÜRGER, Peter. *Teoria da vanguarda*. Trad. Ernesto Sampaio. Lisboa: Veja, 1993.

CALINESCU, Mattei. *Cinco caras de la modernidad:* modernismo, vanguardia, decadencia, kitsch, posmodernismo. Trad. Maria Teresa Beguiristain. Madri: Ed. Tecnos, 1991.

CAMARGO, Maria Lucia de Barros. Poéticas contemporâneas: marcas para uma pesquisa. *Continente Sul/Sur - Revista do Instituto Estadual do Livro*, Porto Alegre, n. 2, p. 111-120, nov. 1996.

_____. Não há sol que sempre dure. *Revistas literárias brasileiras*: anos 70. Boletim de Pesquisa NELIC, Florianópolis, n. 3, p. 5-9, mar. 1998.

CAMPOS, Augusto de. Augusto de Campos. *34 Letras,* Rio de Janeiro, n. 4, p. 10-28, jun. 1989.

CAMPOS, Haroldo de. Da tradução à transficcionalidade. *34 Letras*, Rio de Janeiro, n. 3, p. 82-101, mar. 1989.

CARPEAUX, Otto Maria. Entrevista. *José - Literatura, Crítica & Arte*, Rio de Janeiro, n. 1, p. 3-9, jul. 1976.

CESAR, Ana Cristina. 1983. *34 Letras*, Rio de Janeiro, n. 3, p. 108-110, mar. 1989.

CHIARETTI, Marcos. 34 Letras une cuidado gráfico e crítico. *Folha de S. Paulo*, São Paulo, 1 jul. 1989. Letras, p. 2.

COMPAGNON, Antoine. *O trabalho da citação*. Trad. Cleonice P. B. Mourão. Belo Horizonte: Ed. da UFMG, 1996.

CORIOLANO, Paulo de Araújo. Hermilo Borba Filho (1917-1976). *José - Literatura, Crítica & Arte*, Rio de Janeiro, n. 1, p. 36-37, jul. 1976.

DA fadiga intelectual. In. *Revista do Brasil*, VI, 1924.

DESCOMBES, Vincent. *Lo mismo y lo otro*. Trad. Elena Benarroch. Madri: Cátedra, 1979.

DIMAS, Antonio. Um suplemento carnudo. *Continente Sul/Sur - Revista do Instituto Estadual do Livro*, Porto Alegre, n.2, p. 35-45, 1996.

EDITORIAL. *34 Letras*, Rio de Janeiro, n. 1, p. 4-5, set. 1988.

_____. *34 Letras*, Rio de Janeiro, n. 5/6, p. 10-11, set. 1989.

ELIOT, T. S. 1956. *34 Letras*, Rio de Janeiro, n.1, p.51-53, set. 1988.

FIGUEIREDO, Rubens. O escritor e o crítico na vida real. *34 Letras*, Rio de Janeiro, n. 1, p. 44-50, set. 1988.

FORSTER, Ricardo. El encogimiento de las palabras. *Babel - Revista de Libros*, Buenos Aires, ano 3, n. 18, p. 28, ago. 1990.

FOSTER, Hal. *Recodificação*. Arte, espetáculo, política cultural. Trad. Duda Machado. São Paulo: Casa Editorial Paulista, 1996.

FREITAS FILHO, Armando; HOLLANDA, Heloisa Buarque de (Org.). *Ana Cristina Cesar:* correspondência incompleta. Rio de Janeiro: Aeroplano, 1999.

GAGNEBIN, Jeanne-Marie. Notas sobre as noções de origem e original em Walter Benjamin. *34 Letras*, Rio de Janeiro, n. 5/6, p. 285-296, set. 1989.

GRAEFF, Edgar Albuquerque. A questão do espaço urbano. *José - Literatura, Crítica & Arte*, Rio de Janeiro, n. 8, p. 25-30, maio 1977.

GRAMSCI, Antonio. *Os intelectuais e a organização da cultura*. Trad. Carlos Nelson Coutinho. Rio de Janeiro: Civilização Brasileira, 1988.

GUMBRECHT, Hans Ulrich. Entrevista: Gumbrecht. [Entrevista concedida a Monika Leibold e José Otávio N. Guimarães.] *34 Letras*, Rio de Janeiro, n. 2, p. 96-115, dez. 1988.

HOLANDA, Frederico. O centro urbano de Brasília. *José - Literatura, Crítica & Arte*, Rio de Janeiro, n. 2, p. 26-31, ago. 1976. pt. 1.

_____. O centro de Brasília, hoje (conclusão). *José - Literatura, Crítica & Arte*, Rio de Janeiro, n. 3, p. 36-42, set. 1976. pt. 2.

HOLANDA, Gastão de. José é uma revista [...]. *José - Literatura, Crítica & Arte*, Rio de Janeiro, n. 1, p. 1, jul. 1976.

_____; CARNEIRO, Geraldo; GULLAR, Ferreira; LIMA, Luiz Costa; SANTIAGO, Silviano; WANDERLEY, Jorge; LEITE, Sebastião Uchoa. Debate: José no espelho. *José - Literatura, Crítica & Arte*, Rio de Janeiro, n.9, p.2-17, dez. 1977.

HOLLANDA, Heloísa Buarque de. *Anos 70*: Literatura. Rio de Janeiro: Europa Ed., 1979.

HUYSSEN, Andreas. Mapeando o pós-moderno. In: HOLLANDA, Heloísa Buarque de (Org.). *Pós-modernismo e política*. Rio de Janeiro: Rocco, 1991. p. 15-80.

_____. *Memórias do modernismo*. Trad. Patrícia Farias. Rio de Janeiro: Ed. da UFRJ, 1997.

JAMESON, Fredric. *Pós-modernismo*: a lógica cultural do capitalismo tardio. Trad. Maria Elisa Cevasco. São Paulo: Ática, 1996.

JUCÁ, Cecília. Livro: objeto gráfico. *José - Literatura, Crítica & Arte*, Rio de Janeiro, n. 1, p. 42-43, jul. 1976.

LAFETÁ, João Luiz. *1930:* a crítica e o modernismo. São Paulo: Duas Cidades, 1974.

LANTERNA VERDE. Rio de Janeiro: Sociedade Felipe d'Oliveira, v. 4, nov. 1936.

LEITE, Ligia Chiappini Moraes; AGUIAR, Flávio. A crítica da razão elitista. *Almanaque* - Cadernos de Literatura e Ensaio. São Paulo, n. 3, p. 102-106, 1977.

LEITE, Sebastião Uchoa. Humpty Dumpty: poder e palavra. *José - Literatura, Crítica & Arte,* Rio de Janeiro, n. 1, p. 23-24, jul. 1976.

_____. 1988. *34 Letras*, Rio de Janeiro, n. 3, p. 140-141, mar. 1989.

_____. Sebastião Uchoa Leite. [Entrevista concedida a Flora Süssekind, Beatriz Bracher e João Guilherme Quental.] *34 Letras*, Rio de Janeiro, n. 7, p. 10-41, mar. 1990.

LIMA, Alceu Amoroso. [...] a geração de vocês, de repente se encontra diante de um muro [...]. [Entrevista concedida a Heloísa Buarque de Hollanda.] *José - Literatura, Crítica & Arte*, Rio de Janeiro, n. 7, p. 34-36, jan. 1977.

LIMA, Guilherme Cunha. *O gráfico amador*: as origens da moderna tipografia brasileira. Rio de Janeiro: Ed. da UFRJ, 1997.

LIMA, Luiz Costa. O sistema intelectual brasileiro. *José - Literatura, Crítica & Arte*, Rio de Janeiro, n. 1, p. 15-17, jul. 1976.

_____; LEITE, Sebastião Uchoa; WANDERLEY, Jorge; HOLLANDA, Heloísa Buarque de; CESAR, Ana Cristina; CARNEIRO, Geraldo; AUGUSTO, Eudoro. Debate: poesia hoje. *José -Literatura, Crítica & Arte*, Rio de Janeiro, n. 2, p. 2-9, ago. 1976.

_____. Da existência precária: o sistema intelectual no Brasil. *Cadernos de Opinião*, Rio de Janeiro, n. 2/5, 1978.

_____. Da existência precária: o sistema intelectual no Brasil. In: ___. *Dispersa demanda*: ensaios sobre a literatura e teoria. Rio de Janeiro: F. Alves, 1981, p. 3-29.

_____. Crítica literária e modernidade. *34 Letras*, Rio de Janeiro, n. 1, p. 60-74, set. 1988a.

_____. Dependência cultural e estudos literários. *34 Letras*, Rio de Janeiro, n. 2, p. 116-127, dez. 1988b.

LIMA, Raquel Esteves. A crítica cultural na universidade. In: SOUZA, Eneida Maria de; MIRANDA, Wander Melo (Org.). *Navegar é preciso... viver*: escritos para Silviano Santiago. Belo Horizonte: Ed. da UFMG, 1997.

MAFRA, Antônio. Radiografia de uma crítica no país semi-analfabeto. *34 Letras*, Rio de Janeiro, n. 1, p. 54- 57, set. 1988.

MESSEDER, Carlos. O novo network poético 80 no Rio de Janeiro. *Revista do Brasil,* Rio de Janeiro, v. 2, n. 5, p. 66-81, 1986.

MICELLI, Sérgio. *Intelectuais e classe dirigente no Brasil (1920-1945).* São Paulo: Difel, 1979.

_____. O processo de construção institucional na área cultural federal (anos 70). In: ___. (Org.) *Estado e cultura no Brasil.* São Paulo: Difel, 1984. p. 53-83.

MIRANDA, Wander Melo. A liberdade do pastiche. *34 Letras,* Rio de Janeiro, n. 3, p. 172-177, mar. 1989.

MONTAIGNE, Michel de. *Ensaios* I. Trad. Sérgio Milliet. Rio de Janeiro: Globo, 1961.

MORAIS, Frederico. Vocação construtiva na arte brasileira. *José - Literatura, Crítica & Arte,* Rio de Janeiro, n. 2, p. 47-50, ago. 1976.

MORICONI, Italo. *Ana Cristina Cesar:* o sangue de uma poeta. Rio de Janeiro: Relume Dumará, Rio Arte, 1996.

NADER, Wladyr. Pauta. *Escrita - Revista Mensal de Literatura,* São Paulo, n. 1, p. 3, 1975.

NOVALIS. 1772-1801. *34 Letras,* Rio de Janeiro, n. 3, p.81, mar. 1989.

ORTIZ, Renato. *A moderna tradição brasileira.* São Paulo: Brasiliense, 1988.

OURO para 34. *34 Letras,* Rio de Janeiro, n.7, p. 8, mar. 1990.

RIVERA, Jorge. *El periodismo cultural.* Buenos Aires: Paidós, 1995.

RODRÍGUEZ, Luz. *El sueño de la razón.* Leiden: Rijks Universiteit Leiden, 1998.

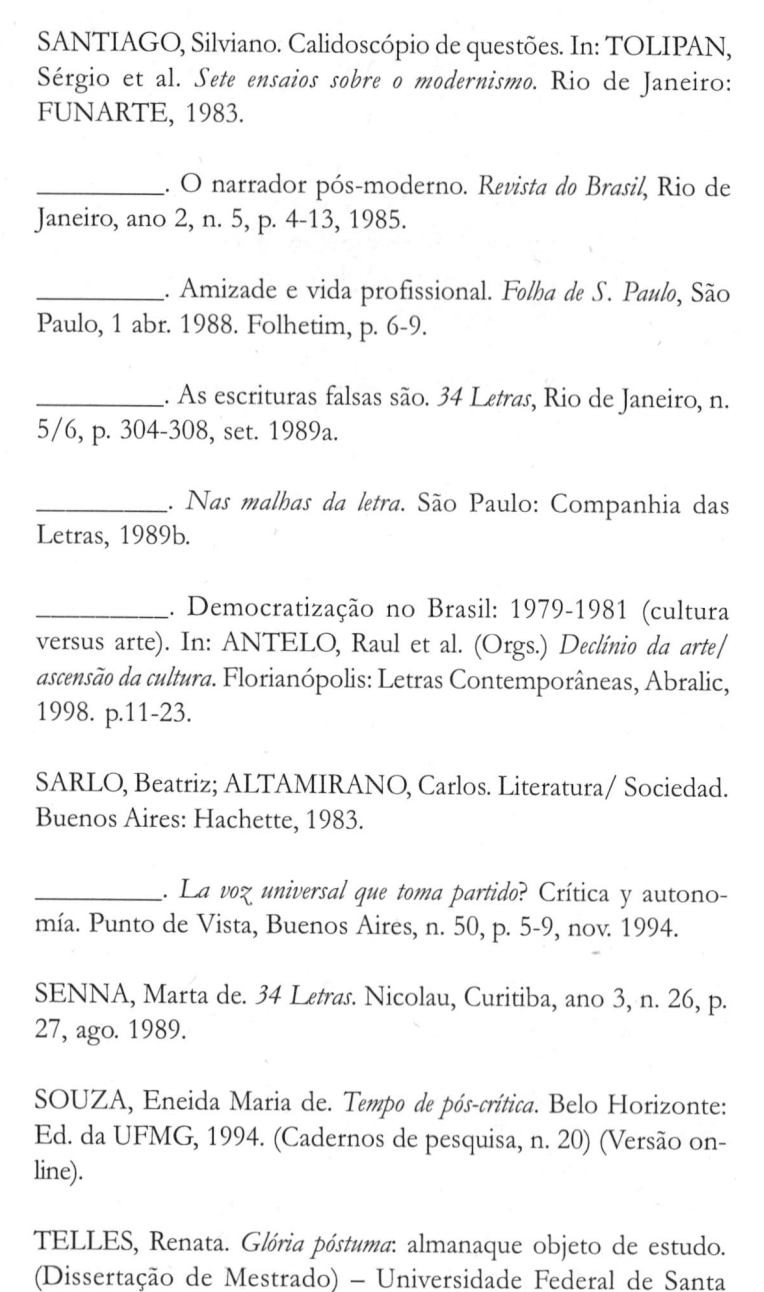

SANTIAGO, Silviano. Calidoscópio de questões. In: TOLIPAN, Sérgio et al. *Sete ensaios sobre o modernismo*. Rio de Janeiro: FUNARTE, 1983.

_____. O narrador pós-moderno. *Revista do Brasil*, Rio de Janeiro, ano 2, n. 5, p. 4-13, 1985.

_____. Amizade e vida profissional. *Folha de S. Paulo*, São Paulo, 1 abr. 1988. Folhetim, p. 6-9.

_____. As escrituras falsas são. *34 Letras*, Rio de Janeiro, n. 5/6, p. 304-308, set. 1989a.

_____. *Nas malhas da letra*. São Paulo: Companhia das Letras, 1989b.

_____. Democratização no Brasil: 1979-1981 (cultura versus arte). In: ANTELO, Raul et al. (Orgs.) *Declínio da arte/ ascensão da cultura*. Florianópolis: Letras Contemporâneas, Abralic, 1998. p.11-23.

SARLO, Beatriz; ALTAMIRANO, Carlos. Literatura/ Sociedad. Buenos Aires: Hachette, 1983.

_____. *La voz universal que toma partido?* Crítica y autonomía. Punto de Vista, Buenos Aires, n. 50, p. 5-9, nov. 1994.

SENNA, Marta de. *34 Letras*. Nicolau, Curitiba, ano 3, n. 26, p. 27, ago. 1989.

SOUZA, Eneida Maria de. *Tempo de pós-crítica*. Belo Horizonte: Ed. da UFMG, 1994. (Cadernos de pesquisa, n. 20) (Versão on-line).

TELLES, Renata. *Glória póstuma*: almanaque objeto de estudo. (Dissertação de Mestrado) – Universidade Federal de Santa Catarina, Florianópolis, 1999.

VALDATI, Nilcéia. A América Latina em Escrita. In: *Boletim de Pesquisa NELIC*, Florianópolis, n. 2, p. 32-37, 1997.

Vamos nos conhecer melhor

Nós da **ARGOS** - Editora Universitária da Unoesc-Chapecó queremos conhecê-lo melhor. Por isso, criamos este cadastro no qual poderemos saber mais sobre você e, principalmente, a sua opinião sobre nossas publicações. Através deste, entraremos em contato informando-lhe sobre nossos lançamentos nas suas áreas de maior interesse e lhe enviaremos um catálogo de livros com todas as nossas publicações.

Nome:_____

Sexo:_____ Data de Nascimento:_____/_____/_____

Escolaridade:_____

Profissão:_____

Endereço:_____

Bairro:_____ Cidade:_____

CEP:_____Estado:_____

Tel./Fax/Cel(   )_____

E-mail: _____

Áreas de Interesse

Clássicos	( )	Romance	( )
Debates Contemporâneos	( )	Debates sobre Universidade	( )
Literatura comentada	( )	Literatura Infantil	( )
Poesia	( )	Memória e Cidadania	( )
Ficção	( )	Divulgação científica	( )
Teórico-científico	( )	Outros:_____	( )

Em ordem de importância, o que você leva mais em conta na hora de adquirir um livro?
Autor ( )   Editora ( )   Capa ( )   Preço ( )
Propaganda ( )   Visual ( )   Conteúdo ( )   Atendimento ( )

Qual a sua opinião sobre esta publicação?
_____
_____
_____

Deixe aqui suas sugestões:
_____
_____
_____

Continuidades Efêmeras
2001

Setor Comercial /Argos - Editora Universitária / Unoesc-Chapecó
Av. Attílio Fontana, 591-E - Bairro Efapi, Chapecó - SC
89809-000 - Caixa Postal 747 - Fone: (49) 321 8218 - E-mail: argos@unoesc.rct-sc.br

Impressão:

GRÁFICA EDITORA
Pallotti IMAGEM DE QUALIDADE
SANTA MARIA - RS - FONE (55) 222.3050
Com filmes fornecidos